Die Ahnen fliegen mit

Andreas Ruben Khosa

Die Ahnen fliegen mit

Sechs Jahre im Land Luthers

VERLAG DER EV.-LUTH. MISSION ERLANGEN

ERLANGER TASCHENBÜCHER BAND 90

Verlagsgemeinschaft Weltmission
mit dem Freimund-Verlag Neuendettelsau

CIP-Kurztitelaufnahme der Deutschen Bibliothek

Khosa, Andreas Ruben:
Die Ahnen fliegen mit
Sechs Jahre im Land Luthers / Andreas Ruben Khosa –
Erlangen: Verlag der Ev.-Luth. Mission, 1989
(Erlanger Taschenbücher; Bd. 90)
ISBN 3 87214 190 2
NE: GT

Umschlag: Helmut Herzog – Foto: Heiner Heine
Gesamtherstellung: Missionshandlung Hermannsburg

INHALT

Zum Geleit

Lieber Andreas!
Nun also, zwei Jahre nach dem Erscheinen Deines Buches »Deine Hand lag schwer auf mir«, liegen die Druckfahnen Deines zweiten Buches »Die Ahnen fliegen mit« vor mir auf dem Schreibtisch. Ich freue mich mit Dir auf sein Erscheinen und hoffe mit Dir, daß viele es lesen und viel daraus lernen.
Aber ich denke, allein schon das Schreiben war wichtig für Dich. Im Rahmen Deiner brüderlichen Kritik an deutschen Programmen für Partnerschaftsreisen las ich den Satz: »Ein Afrikaner in seiner Denkart möchte seine Erfahrungen verarbeiten.« Gut, daß Du Dir trotz aller Arbeit, trotz äußerer und innerer Bedrängnis Zeit genommen hast, um deine Erfahrungen zu verarbeiten – gut für Dich und gut für uns.
Den Bericht über den Anfang Deines Weges mit Christus hast Du hier bei uns in Deutschland geschrieben, weit weg von zu Hause, den Bericht über Deine Begegnungen mit Christen in Deutschland bei Dir zu Hause in Südafrika, weit weg von uns. Als ich ihn las, war die Entfernung, die uns voneinander trennt, überbrückt, und Du warst mir ganz nah. Ich bin sicher, so wird es vielen gehen: Deinen Freunden, die oft und gern an Dich denken; den Gemeindegliedern im Kirchspiel Niederweimar, wo Dein sechsjähriger Dienst als Pfarrer kräftig nachwirkt; all denen, die Dir in Gottesdiensten, bei Vorträgen, auf Konferenzen und in Gesprächen in der Evangelischen Kirche von Kurhessen-Waldeck und weit über sie hinaus begegnet sind; schließlich auch denen, die Dich durch Deine Bücher kennen lernen.

Ich finde es nicht nur schön, sondern auch sachgemäß, daß Du so persönlich schreibst. Warum? Weil Partnerschaft, wie Du mit Recht sagst, die persönliche Begegnung mit dem Partner verlangt, auf persönlichen Kontakten beruht. So habe ich es selbst mit Dir erlebt, und so erleben es hoffentlich immer mehr Menschen hier bei uns in Deutschland und dort bei Euch in Südafrika. Du zitierst mehrfach das afrikanische Sprichwort: »Das Kind, das nicht auf Reisen geht, weiß nicht, daß außer der eigenen Mutter auch andere Frauen eine gute Suppe kochen können.« Das gilt auch für deutsche Kinder, auch für Jugendliche und Erwachsene, hier wie dort. Aber nicht alle können sich auf Reisen, so weite Reisen begeben. Und nicht viele werden das Glück haben, daß aus einem partnerschaftlichen Kontakt eine tiefe Freundschaft erwächst. Um so wichtiger, daß Du dies Buch geschrieben hast und daß Du es so persönlich geschrieben hast!
Was läßt sich daraus lernen? Für mich sind zwei Sätze zu einem Schlüssel für das ganze Buch gworden: »Partnerschaft beginnt unter dem Kreuz« und: »Partnerschaft braucht Zeit, viel Zeit«. Diese beiden Sätze erschließen mir all das, was Du im Rückblick auf den langen und schwierigen Lernprozeß schreibst, den Du durchmachen mußtest. Begeisterung ist dafür nötig – im tiefsten Sinne des Wortes: Ergriffenheit durch den Geist Gottes. Aber auch Geduld – im Sinne von Langmut, von Liebe, die zuhören, verstehen und mitleiden kann. Vor allem der Glaube, daß das Leiden und Sterben Jesu uns mit Gott und miteinander versöhnt, uns zu Kindern Gottes, zu einer Familie macht. Du schreibst: »Die unter dem Kreuz Christi versammelt sind, bekommen neue Mütter, Väter, Freunde, Brüder und Schwestern durch den Glauben.« Das ist Dein Verständnis

von Partnerschaft, und Partnerschaft, so verstanden, will ich mit Dir und hoffentlich vielen anderen lernen: »Wir sind Brüder und Schwestern unter dem Kreuz.«
Auf diesem Hintergrund lese ich all das, was Du über Deine Begegnungen mit Christen in Deutschland, über Deine Erfahrungen mit unserer Art, als Christen zu leben, vor allem mit unserer Art von Gemeindeleben schreibst. Auf diesem Hintergrund lese ich auch Deine kritischen Anfragen und Anregungen. Dabei denke ich vor allem an Dein Verständnis von Mission, von Christsein und kirchlichem Leben als Mission, das Du in unseren Gemeinden weithin vermißt hast: Mission als »Kunst, den christlichen Glauben durchs Leben zu bezeugen«, als »Ausdruck der vorbehaltlosen Bereitschaft der Kirche, in der Welt zu sein und ihr zu dienen«, als »Anwendung und Ausdruck des Gottesreiches, in aller Welt, also auch in Deutschland«, als Verwirklichung der Absicht Gottes, »ein Gott für alle Menschen zu sein, seien sie schwarz, weiß oder gelb«. Ich lasse es mir gern von Dir in Erinnerung rufen. Und anderen wird es ähnlich gehen. Du brauchst keine Sorge zu haben, daß wir Dich falsch verstehen: Was Du geschrieben hast, kann uns »die Augen öffnen«, weil Du es – deutlich erkennbar – als Bruder geschrieben hast!
Über vieles würde ich gern mit Dir sprechen, aber ich sehe noch nicht ab, wann ich mich wieder auf die Reise nach Südafrika machen kann. Mit Briefen, das wissen wir beide, ist es so eine Sache... Es ist tröstlich zu lesen, wenn Du am Ende des Buches schreibst, daß Dich unsere Liebe »auch im Land der Unsicherheit trägt«, daß Dich unsere Gebete »aus dem Tal des Todes emporheben«, daß Dich unsere Teilnahme »begleitet«. Ich wünsche Dir, daß Du es aushältst in den vielen Spannungen, die an Dir zerren. Vor

allem in der Spannung zwischen dem Glauben an den Gott, der alles Getrennte einen will, und der harten Wirklichkeit der Apartheid. Auch in der Spannung zwischen den Ahnen, die Dich nicht verlassen wollen, und dem Glauben, den Du nicht verleugnen kannst. »Glaube«, schreibst Du, »ist immer ein unendlicher Kampf, um in Christus zu bleiben.« Wir erbitten Dir die Kraft, die Du dafür brauchst. Das schreibe ich Dir – gemeinsam mit Heinrich Schwarz, mit dem Du den Dienst in Niederweimar geteilt hast, und mit Hartmut Wild, der jetzt diesen Dienst tut.

Mit herzlichen Grüßen, auch an Josephina und Eure Kinder

Dein Christian Zippert

1. Begeisterung

Diesem Buch über meine Begegnung mit Christen in Deutschland stelle ich eine Predigt voran und einen Vortrag aus den Jahren meines Dienstes als ökumenischer Mitarbeiter dort.

Silvesterpredigt

Um solcher Ursache willen erinnere ich dich, daß du erweckest die Gabe Gottes, die in dir ist durch die Auflegung meiner Hände. Denn Gott hat uns nicht gegeben den Geist der Furcht, sondern der Kraft und der Liebe und der Zucht. (2. Timotheus 1, 6–7)

Wenn wir auf das vergangene Jahr zurückblicken, so müssen wir uns sagen, daß es ein dunkles und schweres Jahr war. Ein Jahr mit Spannungen und Bedrohungen.
Nun, das Jahr 1983 wird in wenigen Stunden zu Ende sein, und das neue Jahr 1984 wird anfangen. Wir gehen in das neue Jahr: manche mit Zuversicht und Hoffnung, andere mit Verzweiflung und Ängsten. Manche von uns werden Bilanz ziehen und überlegen, was das Jahr 1983 für sie gebracht hat. Einige werden nur das Böse sehen und sagen: Es war ein bitteres Jahr. Andere werden sagen: Für mich war das vergangene Jahr ein Jahr mit viel Erfolg.
Ich selbst sah in dem Jahr 1983 etwas Schönes und Tiefes – trotz meiner persönlichen Schwierigkeiten, trotz meines Kampfes zwischen der Stammesreligion und dem christlichen Glauben. Ich danke Gott für mein Leben, und ich

weiß, daß Gott nicht nur das Böse zählt, sondern auch das Gute. Jeder von uns hat etwas Gutes getan, und es gibt keinen Grund, 1984 negativ zu sehen, denn es geht vorwärts, nicht rückwärts.
Es gibt eine Redewendung in meiner Sprache, die heißt »Tolo a nga ha vuyi«, zu Deutsch: Gestern kommt nie wieder.
Das Jahr 1983 kommt nie wieder zurück, es folgt das Jahr 1984. Gestern kommt nie wieder, aber der Mensch von 1983 wird der Mensch von 1984 sein, er bleibt doch derselbe. Der Andreas, der 1983 gehandelt und gelebt hat, wird auch der Andreas von 1984 sein.
Der Jahreswechsel bringt keine Änderung des Menschen mit sich, sondern wir bleiben, was wir sind; das ist gut so und schön. Neue Mode und eine Wende in der Politik können aus mir keinen anderen Menschen machen; ich bleibe, was ich bin.
Das Gestern kommt nie wieder. Es deutet unsere Hoffnung an, wenn wir die Zukunft Gott überlassen. Das vergangene Jahr 1983 soll uns in Erinnerung bleiben, und wir müssen versuchen, in Zukunft besser zu leben und zu handeln.
Die Jahreslosung für 1984 zeigt uns, was wir tun sollen, und ermutigt alle, die schwach und hoffnungslos sind, auf Gott zu warten. »Gott hat uns nicht einen Geist der Verzagtheit gegeben, sondern den Geist der Kraft, der Liebe und der Besonnenheit.« Eine Hoffnung für uns alle ist das, ein tröstliches Wort. Wir können unser Leben aus dem Leben des Timotheus und des Paulus verstehen.
Timotheus war der Sohn einer jüdischen Mutter und eines griechischen Vaters, er stammte aus Lystra in der Provinz Galatien. Er begegnete Paulus auf dessen erster Missions-

reise in Lystra. Timotheus war schon bekehrt, schon Christ geworden. Durch Handauflegung wurde Timotheus von den Gemeindeältesten gesegnet und ausgesandt. Er wurde ein Begleiter des Paulus, und Paulus liebte ihn sehr. Er wurde nach Ephesus geschickt, um dort die Gemeinde zu festigen. Nun schreibt Paulus an Timotheus. Er sitzt im Gefängnis und rechnet mit seiner Hinrichtung. Trotz allem schreibt er einen Brief der Hoffnung und des Zuspruchs. Timotheus war ein junger Mann, stets krank und von Natur aus nicht gerade mutig. Er brauchte deshalb viel Zuspruch.
Ich glaube, daß wir oft wie Timotheus sind. Vor wenigen Monaten war Deutschland in großer Angst, und auch heute noch beherrscht diese Angst unser tägliches Zusammensein. Die Raketen machen uns Angst, die Kriege im Nahen Osten machen uns Angst – wer weiß, vielleicht beginnt der Dritte Weltkrieg im Osten.
Wie Timotheus haben wir Angst: Angst, an der Krankheit Krebs zu sterben; Angst um unsere Kinder, vielleicht müssen sie nächstes Jahr ihre Abschlußprüfung machen, und wir haben Angst, daß sie keinen Ausbildungsplatz finden; und was tun wir, wenn unsere Kinder arbeitslos werden? Werden die Verhältnisse im neuen Jahr besser werden?
Gestern kommt nie wieder!
Viele haben in diesem Jahr Abschied nehmen müssen von einem geliebten Menschen, den der Tod ihnen entrissen hat. Andere sind mit neuem Leben beschenkt worden, sie dürfen ein Kind im Arm halten. All das zeigt, daß unser Leben voll Freud und Leid ist. Auch 1984 wird uns Freude bringen, uns aber auch nicht von Leid verschonen. Was wir tun sollen als Nachfolger Jesu, ist dies eine: die Zukunft und das kommende Jahr Gottes Händen anvertrauen.

Wir haben wahrscheinlich gemerkt, daß wir manchmal im vergangenen Jahr nicht richtig gehandelt haben und wollen uns vornehmen, im Jahr 1984 vieles besser zu machen.
Das Wort von Paulus paßt genau in unsere Situation. Wir sollen die Gabe Gottes, die in uns schlummert, aufwecken. Gott hat jedem von uns verschiedene Gaben gegeben, damit wir sie für ihn verantwortlich einsetzen. Diese Gaben beseelen uns, daß sie zur vollen Entfaltung im Dienst für Christus kommen. Paulus sagt im Brief an die Galater: »Ich habe mehr gearbeitet als sie alle, nicht aber ich, sondern Gottes Gnade.« Durch diese Gnade sind wir, was wir sind, im Jahre 1983 und auch im Jahre 1984. Auch Timotheus hatte diese Gnade Gottes empfangen, und er sollte die Gabe Gottes zur Flamme auflodern lassen. Er sollte das Feuer der Gnade Gottes frisch anfachen und dieses Feuer der Gnade Gottes bewahren.
Hier ist kaum Tadel an Timotheus zu sehen, sondern vielmehr Zuspruch, damit der geliebte Sohn die brennende Gabe zu stärkerer Glut entfache.
Das gilt auch für uns im kommenden Jahr. Nur wenn wir in der Gnade und der Gabe Gottes brennen, werden wir im Glauben und als Zeugen auch in Leiden und Ängsten bestehen. Die Glut im Herd muß nicht fortwährend zur hellen Flamme entfacht sein. Nur wenn es nötig ist, soll sie schnell und ungehindert in Kraft aufflammen können.
In seinem Brief an die Römer sagt Paulus uns (12,11): »Seid nicht träge in dem, was ihr tun sollt. Seid brennend im Geist, dienet dem Herrn, seid fröhlich in Hoffnung, geduldig in Trübsal, haltet an am Gebet.«
Diese Erinnerung des Paulus an Timotheus und an die Römer ist wie ein Wind, der die Flamme des Geistes zum

Brand entfacht, so daß der im Geist glühende Mensch in zuchtvoller Liebeskraft leben und handeln kann.
Wir dürfen vor dem, was jetzt vor uns liegt, keine Angst haben. Denn Gott hat uns nicht einen Geist der Verzagtheit gegeben; ein Geist der Verzagtheit ist ein Geist der Furcht, die schimpflich ist, weil sie Feigheit einschließt. Paulus hat dies auch im Römerbrief deutlich gemacht: »Denn ihr habt nicht einen knechtischen Geist empfangen, daß ihr euch abermals fürchten müßt.« Wenn wir uns fürchten, sollen wir uns daran erinnern, daß Gott uns den Geist der Sohnschaft gegeben hat. Darum sollen wir kraft dieses Geistes seine Gaben anfachen, sollen sie anwenden und in der jeweiligen Lage auch das Äußerste aus ihnen herausholen.
Ich gehe zuversichtlich in das neue Jahr hinein mit Mut und Hoffnung, weil mir Gott den Geist der Kraft gegeben hat. Der Geist ist meine Kraft zum Leben. All das Böse, was mich gefangen nehmen will, kann nicht mehr wirksam sein, weil ich eine Waffe besitze, die alles durchbrechen kann; ich besitze die Kraft Gottes in mir.
Wie der Psalmist David sagt: »Er weidet mich auf einer grünen Aue und führet mich zum frischen Wasser. Er erquicket meine Seele, er führet mich auf rechter Straße«, auch 1984, »um seines Namens willen. Und ob ich schon wanderte im finsteren Tal, fürchte ich kein Unglück, denn du bist bei mir.« Diese Kraft ist in dir und mir, und diese Kraft brauchen wir im neuen Jahr. Die Kraft und die Gnade Gottes sollen uns begleiten, weil nur dies unser Leben bestimmt und regelt. Dieser Geist ist der Geist Christi, der den Apostel stark machte zum Dienst. Dieser Geist kann auch uns neue Kraft für die ungewisse Zukunft geben. Und der Geist der Kraft ist der Geist des

Freimuts, der Kühnheit, der Unbefangenheit, der Furchtlosigkeit und der Gewißheit. Und er schenkt uns Mut zum Zeugnis und zum Dienst des Evangeliums. Dieser Geist der Kraft löst die Erstarrung des menschlichen Geistes. Er macht uns glühend und bringt einen dynamischen Zug zur Umgestaltung und Entfaltung in unser Leben hinein.

Zum Schluß: Wir verabschieden uns vom alten Jahr und wollen das neue Jahr beginnen im Geist der Liebe. Vielleicht haben wir im Jahr 1983 nicht genug geliebt, nicht genug geglaubt. An wie vielen Menschen sind wir vorbeigegangen?

Petrus sagt uns in seinem Brief: »Wie jeder eine Gnadengabe empfangen hat, so dienet damit einander als gute Haushalter der mannigfaltigen Gnade Gottes« (1. Petrus 4, 10). Der Geist der Liebe und der Geist der Kraft müssen gepaart sein. Denn Kraft allein macht hart, wie die Liebe allein, wenn es denn noch wirkliche Liebe ist, weich macht. Der nur dynamische Diener ohne Liebe wird ein Eiferer und stößt auf Widerstand, und er wird bitter. Bei Timotheus handelt es sich um die Liebe zu den Brüdern, um die Liebe zur Gemeinde des Gottesvolkes. Die Liebe ist sehr wichtig in unserer heutigen Zeit. Wir sollen auch die Schöpfung Gottes lieben.

Ich wünsche Ihnen und Ihren Angehörigen Gottes Gnade und die Kraft zum Leben. Beten Sie ohne Ende trotz der dunklen Zukunft, trotz politischer Unsicherheit. Beten Sie, beten Sie für die Menschen, mit denen Sie täglich umgehen. Beten Sie für sich selbst. Das Jahr 1983 soll ein Spiegel der Zukunft sein. »Gott hat uns nicht den Geist der Verzagtheit gegeben, sondern den Geist der Kraft und der Liebe.«

Im Glauben können wir alle dem alten Jahr »Auf Wiedersehen« sagen, dieses Jahr wird in unserer Erinnerung bleiben.
Wir singen gemeinsam ein afrikanisches Lied, verdolmetscht:
O Herr, wenn ich nicht mehr gehen kann,
wenn ich krank und müde bin,
o Herr, geh' mit mir.
Wenn ich kein Gebet für das kommende Jahr habe,
bitte, Herr, bete mit mir.

Mission und Evangelisation am Beispiel Südafrika

Der Vortrag wurde am 20. September 1983 in Hofgeismar vor Vikaren und Vikarinnen der Evangelischen Kirche von Kurhessen-Waldeck gehalten. Was ist Mission und was heißt Evangelisation?
Beide Fragen möchte ich mit einer Trommel als Beispiel zu erörtern versuchen. Im Leben der Afrikaner spielt die Trommel eine große Rolle. Ein Afrikaner läßt die Trommel sprechen, sie bringt ihn zum Weinen und Lachen, erregt Freude.

Die Trommel lädt ein

Wenn ein Afrikaner das Wort Trommel hört, denkt er an eine Verkündigung oder ein großes Ereignis. Die Trommel hat also eine Botschaft, hat uns etwas zu vermitteln. Sie ist ein Aufruf zur Sache (Indaba), zu einer Versammlung. Sie lädt ein, und zwar sowohl zur Trauer, zum Fest als auch zur Anbetung der großen Geister. Sie hat allgemein die Aufgabe, Menschen zusammenzurufen. Ihr Ton vermittelt eine Stimmung. Sie lädt Kleine und Große ein und bringt sie zusammen. Wenn die große Trommel in einem Stamm ertönt, strömt alles zu dem Ort, von wo die Trommel ruft, und jeder will hören, was sie zu sagen hat.

Mit diesem Beispiel will ich versuchen, die Begriffe Mission und Evangelisation zu erklären, wie ich sie verstehe im Kontext Südafrikas. Mission ist und bleibt meinem Verständnis nach die Einladung Gottes, die Stimme Gottes. Das Ziel dieser Einladung ist die Evangelisation. Wenn die Trommel mit ihrer tiefen Stimme schreit, hört man sie mehrere Kilometer weit, ihr Ton überschreitet sogar Grenzen. Ebenso ist es mit der Mission und der Evangelisation. Sie sollen die Grenzen zwischen Menschen und Menschen, zwischen Glaube und Unglaube, in Kultur und Politik usw. überschreiten. Mission wird hier als breites Konzept verstanden, Evangelisation als Kern und Ziel der Mission. Mission ohne Evangelisation geht nicht. Das wäre wie ein Auto ohne Benzin: das Auto wird nutzlos, bleibt stehen. Die Mission bereitet den Weg vor, während Evangelisation das bringt, was die Mission vorbereitet hat. Die Mission kocht das Essen, während es die Evangelisation austeilt. Meiner Meinung nach sind Mission und Evangelisation *eins* wie die Trommel und ihre Töne. Mission und Evangelisation sind Aufruf und Einladung zum Dienst für das Reich Gottes.

Dieser Aufruf soll gehört werden, hier in Deutschland und überall in der ganzen Welt. Beides, Mission und Evangelisation, hat die Aufgabe, die gute, befreiende Nachricht des Himmelreichs zu verkündigen. Ihr Ziel ist vor allem, daß alle Menschen gerettet werden und das Reich des lebendigen Herrn schon hier aufgebaut und gepflegt wird durch das Evangelium.

Gott wollte und will in seinem Sohn Jesus Christus den Menschen begegnen durch die Verkündigung und durch die Sendung von Menschen. Er sucht und findet die Seinen durch die Kirche. In dem Beispiel, das ich am Anfang gebracht habe, ist die Kirche die Trommel Gottes. Die Kirche ist die Mission Gottes, weil sie die Aufgabe hat, die Gute Nachricht zu verbreiten. Auch in unserer heutigen Welt hat die Kirche noch die Aufgabe, Menschen einzuladen, damit sie Gott begegnen. Mein Wunsch wäre, daß Mission und Kirche nicht als zwei Dimensionen gesehen werden, sondern daß sie eins sind. Die Kirche wird lebendig und aktuell, wenn sie missionarisch bleibt. Meiner Meinung nach sollten Kirche und Mission eine untrennbare Einheit bilden, denn die Kirche und ihre Gemeinden leben durch die Mission. Mission gehört in die Kirche und ist nicht nur eine kleine Insel innerhalb der Kirche. Mission soll das Leben in der Kirche sein, wie das Blut durch die Adern fließt. Das Blut kann ohne Adern seine Aufgabe nicht erfüllen. Denn die Königsherrschaft Gottes wartet darauf, den Gefangenen verkündigt zu werden und denen, die von Kriegen und Ungerechtigkeit, von Unterdrückung und Ausbeutung bedrängt und bedroht werden. Eine Kirche, die missionarisch ist, öffnet ihre Türen, indem sie das Evangelium vermittelt, das heißt die Botschaft von der Befreiung der Gefangenen.

Es genügt nicht, daß die Kirche und die Mission einander gewissermaßen »Händchen halten«, sie sollen eins sein. In der politischen Rassenfrage in Südafrika kann die Kirche Jesu es sich nicht leisten, für sich zu bleiben und ihre Verantwortung für die Menschen an die Mission abzuschieben. Beide sollen eins sein, wie Christus mit seinem Vater eins ist. Deshalb kann sich die Kirche nicht zufrieden geben mit bloßem »Pastoral Care« und »Pastoral Counselling«. Sie soll sich immer wieder erinnern, daß sie missionarisch tätig, daß sie stets unterwegs sein muß zu den Menschen, die verunsichert sind und ohne Hoffnung (Weltmissionskonferenzen von Tambaram 1938 und Mexiko City 1963).

So wie das Auto ohne Benzin nicht fahren kann, so kann die Kirche nicht ohne Mission und Evangelisation »funktionieren«. Mission ist das Handeln der Kirche und das Leben der Kirche. Folgendes wird wahrscheinlich fremdartig erscheinen. In Südafrika ist es normal, daß alle, ob Mann, Frau oder Jugendlicher, ordiniert sind als Missionar und Missionarin, natürlich ohne Talar. Jeder von ihnen hat die Trommel Gottes (das Evangelium) gehört und ihre Aussage angenommen und sich taufen lassen. Alle sind sie Ebenbilder Gottes und Kinder Gottes, sie gehören zu einer Familie durch die Verkündigung (Mission) des Evangeliums. Man kann auch sagen, daß die Mission das Unterwegs-sein der Kirche in die Welt hinein ist.

Hingehen: wie weit?

Wir haben über das Wort aus Matthäus 28, Vers 19 wahrscheinlich noch nicht sehr intensiv nachgedacht – darüber, was Jesus meinte, wenn er den Jüngern sagte: »Geht hin in alle Welt« oder »zu allen Völkern«. Was mich beschäftigt, sind die beiden Begriffe »Völker« und »Welt«. Der andere Begriff aus diesem Text ist »gehen«. Es war immer üblich,

Mission zu verstehen als eine Bewegung zu anderen Ländern, das heißt aus etablierten christlichen Ländern in die unchristliche Welt. Es ist wahr, daß die Mission mit Bewegung zu tun hat, denn Gott bewegt sich zu den Menschen und zu seiner ganzen Schöpfung.

»Gehen« heißt aber nicht nur die Bewegung von Johannesburg nach Deutschland oder von Deutschland nach Rußland. Es heißt in dem Matthäus-Vers einfach »gehe«, gehe zu deinen Kindern, gehe zu deinem Nachbarn, Mitarbeiter und Nächsten.

Das Gehen ist nicht nur Sache bestimmter Personen mit bestimmten Gaben, besonders mit theologischen Gaben, sondern ist Sache aller, die die Stimme Gottes gehört haben. Das Gleiche gilt für den Begriff »Welt« oder »Völker«. Wo ich mich befinde, in meiner Umgebung, da ist meine Welt: in Niederweimar, in Pretoria. Südafrika wie auch Deutschland sind ein Teil der Welt, ein Teil von Gottes Schöpfung, trotz aller politischen Schwierigkeiten.

Dort, wo ich mich gerade befinde, da geschieht Mission. Niederweimar ist ein Teil der Welt Gottes; können wir uns die Welt ohne Niederweimar oder Südafrika vorstellen? Ich zitiere Emilio Castro, den jetzigen Generalsekretär des Weltkirchenrats, der einmal gesagt hat: »Keine Kirche kann für sich in Anspruch nehmen, eine missionarische Dimension in fernen Ländern erreicht zu haben, solange sie keine missionarische Strategie für ihr eigenes Land besitzt.«

Obgleich wir Christen heute einander brauchen, sollte sich Mission nicht mit fernen Ländern beschäftigen, obwohl das auch legitim ist, sondern zu Hause beginnen (charity begins at home).

Wenn ich jemandem die Botschaft Jesu Christi mitteile, dann fängt da die Mission und die Evangelisation an. In diesem Teil der Welt begegnet Gott einem Menschen; da fängt Mission, fängt das Reich Gottes an. Sendung und Verkündigung beginnen da, wo zwei oder drei Menschen über das Wort Gottes reden und sich besinnen. Ich möchte versuchen, praktische Hinweise zu Mission und Evangelisation zu geben. Die Frage wäre: »Wie ist das möglich, daß jeder Mensch ein Missionar sein kann?« Die Mission, die Evangelisation fangen nicht im Haus der Kirche, nicht in Kassel, nicht in Braamfontein oder Soweto an, sondern bei mir selbst, in meiner Familie und in meiner Gemeinde.

Wie geschieht das nun im täglichen Leben eines Afrikaners, der unter schlechten Lebensbedingungen leidet und unter dem Apartheidsystem? Wenn ich manchmal so leichthin über die Absonderungspolitik rede, sagen viele, ich sei da nicht ernst genug; oder warum bin ich so fröhlich, wenn ich einen Vortrag halte über die Probleme meiner Heimat? Die Menschen erwarten von mir, daß ich weine oder jedenfalls ein anderes Verhalten an den Tag lege. Meine Frage wäre: »Soll ich aufhören zu leben, soll ich nur Kummer kennen, weil ich unterdrückt bin? Darf ich unter solchen Bedingungen keine Freude haben? Ist mein Leben nur abhängig von der Apartheid?« Die Freude, die ich habe in Jesus Christus, kann niemand mir rauben. Die Apartheid ist nicht von Gott, sondern von den Menschen, die behaupten, Apartheid sei Gottes Wille. Apartheid wird nicht immer bleiben, sondern wird einmal endgültig abgeschafft werden. Doch die Freude, die ich in Jesus Christus gefunden habe, bleibt in mir ewiglich. Obgleich Menschen, wie die Weißen, mich verachten und ausbeuten, ist dieser Jesus auf meiner Seite und schenkt mir die Freiheit. Aus diesem Grund zeigen sich die Christen in Südafrika in ihren Gottesdiensten fröhlicher: Sie setzen ihre Hoffnung auf Gott und Jesus Christus, den Befreier der Schwarzen. Sie resignieren nicht, sondern sie haben viel mehr Mut, weiterzuleben als Menschen, die von Gott her geliebt und gerettet sind. Die Gemeinden der Evangelischen Kirche im Südlichen Afrika sind an sich in ihren Strukturen und ihrem Leben missionarisch orientiert. Sie sind so strukturiert, daß jeder teilhat an dem Leben der Gemeinde, etwa in einer Frauen-, Männer- und Jugendgruppe oder einer Kindergruppe. Ich möchte mich heute auf die Männergebetsgruppe beschränken, doch gilt das Gesagte auch für andere Gruppen.

Zum Beispiel: ein Männerkreis

Aus der Verfassung des Männergebetskreises möchte ich einiges herausnehmen als Beispiel für die gesamte Struktur der Gemeinde. Die Präambel ist für alle Gruppen innerhalb der Gemeinde gleich.

Die Aufgaben in der Männerarbeit sind:

1. Die Männer sollen einmal in der Woche zusammenkommen, das Wort Gottes gemeinsam betrachten und sich mit geistlicher Nahrung nähren.
2. Sie sollen in ihrem privaten Leben Gott dienen und als Gruppe für die Gemeinde da sein.
3. Sie sollen ungläubige Menschen für Christus gewinnen, und sie sollen die Müden und Erschöpften im Glauben stärken und zurückgewinnen für das Reich Gottes.
4. Sie sollen ihre Gaben und Talente nutzen für die Kirche und die Gesellschaft (community).

Diese Verfassung verlangt von den Mitgliedern, daß sie im Leben aus dem Glauben handeln. Wenn sie sich zum Beispiel am Mittwoch treffen, kommen sie alle zuerst unter dem Wort Gottes zusammen. Jeder ist verpflichtet, ein Gesangbuch und die Bibel mitzubringen. Sie schämen sich nicht, die Bibel in der Hand zu tragen. Und von einer Woche zur anderen bekommen sie verschiedene Aufgaben. Diese Aufgaben werden ohne Zwang erfüllt, allein aus Glauben und Vertrauen. Sie sind überzeugt, daß Christus sie berufen hat, alle Menschen zum Reich Gottes einzuladen. Diese Gruppe soll sich nicht auf sich konzentrieren, sondern sie soll zu allen Menschen gehen, zu Christen und Nichtchristen, das heißt die Gruppe muß offen und anpassungsfähig sein.
Einmal im Jahr, je nach Bedarf, bereiten sie ein Wochenendfest vor, eine Evangelisation, wozu alle Gruppen der Gemeinde eingeladen werden. Dieses Fest fängt meistens am Freitag an und dauert ohne Unterbrechung bis Sonntagvormittag. Sie sagen: Wir haben für uns viel Zeit das ganze Jahr; diese zwei Nächte wollen wir für Gott da sein, ihn loben und bezeugen durch unser Leben. Sie haben Zeit. Sie müssen nicht auf die Uhr schauen. Man braucht Zeit, mit Gott zu sprechen.

Ein Wochenende mit Gott

Der Ablauf ihres Treffens ist folgendermaßen: Ab Freitag wird gemeinsam getanzt und gesungen. Für sie alle ist das Zusammenkommen ein Fest. Sie erleben Gemeinschaft und machen alles zusammen. Alle Anwesenden sprechen freiwillig und legen Zeugnis ab. Jeder sagt, was ihn gerade bewegt, oder erzählt eine Erfahrung im Leben mit Gott. Alles kommt aus dem Herzen, nicht aus dem Kopf. Am Morgen wird gemeinsam gekocht und dann gemeinsam gegessen.

Der Tag ist eingeteilt und erfüllt von verschiedenen Aufgaben. Mittags gehen sie in Zehnergruppen los und machen Hausbesuche. Zu einem Hausbesuch gehört bei einer christlichen Familie ein Gebet oder eine kleine Bibelauslegung. Wo die Menschen mit der Bibel nicht vertraut sind, führen sie ein Gespräch oder helfen im Haus. Bei alten Menschen hacken sie Holz oder machen den Hof sauber, manchmal holen sie sogar Wasser. Der Besuch kann den ganzen Nachmittag dauern. Dann kehren sie zurück.

Nach dem Abendbrot singen und tanzen sie. Mitternacht ist die Zeit der Stille und der Fürbitte. Sie beten für die Menschen, die leiden, Menschen, die sie besucht haben, beten über die Erlebnisse des vergangenen Tages. Nach dieser Stille der Fürbitte wird die Kollekte gesammelt, und sie bringen sie zum Altar. Ich wünschte mir, daß ich solche Erlebnisse hier haben dürfte! Am Ende feiern sie einen Abschlußgottesdienst mit Abendmahl. Sie werden wieder ausgesandt, sie hören den Befehl zur Mission und gehen wieder nach Hause – erschöpft, doch mit großer Freude. Eins bleibt: Die Aufgabe ist nicht zu Ende, sie geht weiter.

Ich habe jetzt immerzu über eine Gruppe gesprochen; der Pfarrer war kein Thema. Wo ist der Pfarrer, ist er nicht aktiv? Jeder will gerne ein Chef und ein Herrscher sein. Das kennen wir im täglichen Leben. Nicht nur die Pfarrer, sondern jeder Mensch wünscht sich, Herr über andere zu sein.

Chef im Talar?

Manche Pfarrer haben eine Tendenz, die Gemeinde als ihr Eigentum zu betrachten, statt Diener zu sein. Es gibt auch solche Pfarrer in meinem Land, die mächtige Herrscher über die Gemeinde sind. Aber der Pfarrer oder Evangelist soll ein Helfer sein, ein Berater, ein Assistent. Denn die Gemeinde gehört nicht ihm, sondern allein dem Herrn Jesus Christus. Er ist Herr, wir sind seine Diener; er ist der Bezeugte, und wir sind seine Zeugen. Viele Pfarrer vergessen, daß sie in einer Gemeinde nicht für immer zu bleiben haben, daß sie sich in einer Gemeinde nicht eine neue Heimat zu gründen haben. Sie sind dort nur für eine kurze Zeit, denn ihre Aufgabe ist es, unterwegs zu sein für Christus. Sie können versetzt werden oder auch durch den Tod aus dem Pfarramt scheiden.

Wenn der Pfarrer nicht mehr in der Gemeinde ist, hört dann auch der Gottesdienst auf? Nein, das ist nicht der Fall, die Gemeinde lebt weiter ohne Pfarrer, denn das Evangelium wird auch dem Laien zuteil. Es hat mich sehr bedrückt zu sehen, daß in manchen deutschen Filialgemeinden der Gottesdienst nur vierzehntägig gehalten wird. Hat der Pfarrer, hat die Kirche das Vertrauen zu den Lektoren verloren? Ist es wirklich wahr, daß es ohne Pastoren nicht geht? Ich glaube, die Kirche sollte ihre Strukturen noch einmal überprüfen und revidieren. Die Rolle des Pfarrers in der Gemeinde soll als die eines Helfers verstanden werden, nicht eines Herrschers.

Ich möchte diesen Abschnitt schließen mit einigen Gedanken zum Problem der Mission im Südlichen Afrika. In manchen Teilen der Kirche in Südafrika kommt das Wesentliche der Mission zu kurz und ist nicht zu erkennen. Deshalb hat man heute Bedenken gegenüber der westlichen Mission und ihrer Theologie. Für viele schwarze Menschen ist es so, daß die Mission sie kulturell und geschichtlich entwurzelt hat.

Unsere Vergangenheit und unsere Tradition sollen nach Ansicht mancher Missionare nichts anderes mehr sein als Heidentum und Barbarei. Und die westliche Kirche stellt sich in den Dienst der weißen Herrschaft. Daher ist diese Mission noch ein Problem; sie ist der Situation nicht angemessen. Vor einiger Zeit war es so, daß man, wenn man Christ wurde, damit seine Kultur verleugnete und eine neue Kultur annahm, als ob diese Kultur an sich der Kern des Evangeliums wäre. Man hatte seinen Stamm zu verlassen und ging dahin, wo die Missionare zu Hause waren. Man sah viele neue bekehrte Christen neue Häuser bauen im Stil des westlichen Mannes. Die Frage der Kleidung spielte eine Rolle: Man kleidete sich dann nicht mehr traditionell oder mit einem Fell, sondern mit Rock und Hose. Dann wurde man als wahrer Christ angesehen.

In den schwarzen Kirchen ist und bleibt die Mission wirkungsvoll, wenn sie keine Farbe, Kultur und Tradition als Trennendes zwischen den Völkern kennt. Die Verkündigung oder Mission soll das ganze Leben des Menschen prägen und muß die Ganzheit des einzelnen erkennen und achten.

Die Mission und ihre Theologie bleiben relevant, wenn sie wahrnehmen, daß Religion und alltägliches Leben in enger

Beziehung zueinander stehen. In Südafrika kann die Mission effektiv und bedeutsam sein, wenn die Menschenwürde geachtet wird. Daher sehe ich für die Missionierung der Afrikaner eine Chance, wenn sie dem lebendigen Herrn begegnen können, der zu ihnen sagt: Du bist ein Mensch wie jeder andere, du bist schön mit deiner Hautfarbe.
Die Afrikaner verstehen heute die Geschichte Israels als ihre Geschichte, die Geschichte der Befreiung. Die wehrlosen, schwachen Afrikaner sehen in ihr ihre Hoffnung und das Wesentliche der Mission und ihrer Verkündigung.
Die Aufgabe der Mission und ihre Wichtigkeit ist zu erkennen, wenn man die Schwierigkeiten des Landes sieht. Zwar ist das Land schön von der Landschaft her, doch seine Seele ist der Tod, wenn man die Verhältnisse genauer betrachtet. Hier findet die Mission ihr Arbeitsfeld, auf dem ihre Botschaft der Versöhnung noch tiefer und stärker wird. Sie soll nach Gerechtigkeit streben, statt die Menschen ihrer Rechte zu berauben. Sie soll alles tun, was in ihrer Macht steht, um der Würde der Menschen Achtung zu verschaffen und sie zu ergänzen. Sie soll schreien und weinen für die Freiheit der Menschen im Lande; sie soll die Fähigkeit haben, Wunden zu heilen. Sie soll Menschen ohne Vorbehalte und Ausnahmen zu Kindern Gottes machen; sie soll es tun, ohne Grenzen und Rassenschranken zu kennen. Sie soll in ihren schreienden Tönen den afrikanischen Christen ihre eigene Umwelt bewußt machen und sie in die Lage versetzen, selber ihre eigene Lage zu interpretieren und zu analysieren. Sie soll diejenigen Menschen wieder zu Menschen machen, die durch die politischen Einflüsse ihr Menschsein verloren haben; sie soll nicht etwa zu einer geistlichen Versklavung in eine Ideologie beitragen. Sie soll die Kraft haben, das, was verloren ist, wiederzubringen.

Auf diese Weise soll die Mission die Schwarze Theologie unterstützen, die den Schwarzen sagt: Gott hat auch dich zu seinem Ebenbild geschaffen. Gott wollte deine Farbe so, wie sie ist. Und was er ins Leben ruft, ist doch schön, gut und wertvoll. Gottes Sohn ist auch für dich am Kreuz gestorben. So viel warst du ihm wert. Halte dich nicht für weniger wert, als Gott es tut. Er liebt dich nicht weniger als die Weißen.
Dies sind einige Anstöße, die die Mission geben soll. Sie soll den Menschen auch die Botschaft der Hoffnung und des neuen Lebens bringen. Solche Verkündigung bewirkt die innere Befreiung und die Ermutigung zum neuen Leben, so daß schwarze Menschen zu sich selbst vorbehaltlos »Ja« sagen können.

2. Einladung

Natürlich habe ich mich gefreut, als ich nach Deutschland eingeladen wurde. Ich hatte Vorstellungen von Deutschland. Ich hatte Kontakte zu Deutschen, meinem Freund Missionar Martin Schweizer, einem Ehepaar in Köln, das mein Studium gefördert und mich in meiner ersten Gemeinde besucht hat, zu Dozenten und zu Touristen.
Die Begegnung mit Deutschland und der Kirche in der Bundesrepublik löste freilich einen neuen, langen, schwierigen Lernprozeß aus. Dieser Lernprozeß blieb nicht ohne Wirkung auf meine Begeisterung. Ich konnte die Kirche in ihrem Reichtum bestaunen und bewundern; ich bekam die Kraft, mich in sie integrieren zu lassen, mitzumachen und einen Weg zu finden, wie ich, selbst im Lernprozeß begriffen, auch in Deutschland helfen kann. Manches habe ich gelernt und verstanden, manches wird mir wohl immer ein Rätsel bleiben. Es ist schwer, als ökumenischer Mitarbeiter bestimmte Schwierigkeiten zu überwinden; denn man kommt mit vielen eigenen Vorstellungen und mit der eigenen Fantasie.
Auch die Begeisterung spielt eine große Rolle. Ohne sie könnte man überhaupt nicht weiterarbeiten. In der Begeisterung steht man auch Lernprozesse durch: Man will lernen, will genau erfahren, was man zuvor nur vom Hören kannte. Die Begeisterung trägt zu unbekannten Orten und in fremde Länder. Man ist in seiner Begeisterung neugierig auf die Kirche in Deutschland: Jetzt will ich das alles selbst erleben.

Wie können wir als Partner im Geist voneinander lernen und uns austauschen, wenn wir nicht gegenseitig Besuche machen und Besuche empfangen? Wie können wir unsere Begeisterung dem Partner mitteilen? In solcher Partnerschaft können Gemeinden und Kirchen ihre Erfahrungen austauschen, die anderen entdecken und sie so verstehen, wie sie wirklich sind.
Begeisterung und Neugier können uns dabei helfen, neue Impulse in Partnerschaft und Begegnung zu empfangen und zu schenken. Wenn es überhaupt keine Partnerschaft gibt, wie sollen dann die Christen wissen, daß es auch in anderen Ländern Christen gibt? Reicht es, wenn wir uns durch Bücher und Medien informieren lassen? Wer weiß, ob das, was dort berichtet wird, wahr oder falsch ist? Partnerschaft beruht nicht nur auf Briefwechsel; sie verlangt die persönliche Begegnung mit dem Partner. Dadurch kann man die anderen Menschen in ihrer Umwelt, ihren Problemen und Sorgen besser verstehen und sich mit ihnen befassen.
Diese Art von Begeisterung und Neugier kann uns sehr helfen in unserer Begegnung. Die christliche Begeisterung weckt die Lust, uns selbst und den anderen zu begegnen. Diese Art von Begegnung ist etwas Tieferes und ist eingebettet in den Glauben an den Sohn Gottes. Solche Begegnung beruht sicherlich auf Jesus Christus als dem Kern unseres Wesens und Daseins. Was aus dieser Begegnung kommt, ergänzt, was wir schon in Christus erfahren haben: die wahre Gemeinschaft.
Begegnung in der Partnerschaft als Herausforderung unserer Zeit beruht auf persönlichen Kontakten, tiefen Kontakten im geschwisterlichen Sinn. Ohne Begeisterung geschieht in der Mission und in der Partnerschaft nichts,

aber wenn sich die Begeisterung sehr stark auf andere Menschen richtet, dann wird der Mensch beeinflußt, Menschen zu suchen und zu finden, wo sie sind.
Um zu verdeutlichen, was ich meine, möchte ich eine meiner Predigten voranstellen als Beispiel für Begegnung und Begeisterung in der Mission und in der Partnerschaft.

»Ich habe den Herrn gesehen«

Am Ostersonntag ging Maria ans Grab des Herrn. Der Grund war, daß sie Jesus Christus sehen wollte.
Jesus hat in der Begegnung mit Maria viel für sie getan. Wir hören, daß sie von sieben Dämonen gefangen gewesen war, und durch diese Begegnung waren ihre Seele und ihr Leib befreit worden, sie war wirklich frei. Ihr Leben war zerbrochen gewesen; von ihrer Persönlichkeit war nichts mehr übrig, sie war in Stücke gerissen gewesen, bis sie dem lebendigen Herrn und Heiland begegnete.
Der Herr ist wunderbar, wenn er unser Leben anrührt. Er sammelte die Scherben, zu denen das Leben dieser Frau geworden war, und fügte sie durch seine Liebe und Gnade zusammen. Die Frau, die ein Opfer der bösen Geister gewesen war, wurde wieder ganz. In der Begegnung mit Jesus Christus kann etwas in unserem Leben geschehen. Bei ihm ist alles möglich. Er macht dein und mein Leben wieder in Ordnung, er bringt uns dahin, wo wir hingehören. Er fügt zerbrochene Persönlichkeiten wieder zusammen. Jetzt ist alles in Ordnung bei dieser Frau; in ihr ist nun Harmonie, sie ist heil und vollkommen. So fing das Leben für Maria neu an. Es hat ein Ziel und eine Erfüllung. Die Liebe Christi erfüllt ihre Persönlichkeit, sie ist ein neuer Mensch in Christus.

Doch danach, liebe Gemeinde, starb Christus am Kreuz. Heißt das auch, daß ihre Hoffnung starb? Ja, sie stand dabei und sah ihn sterben.
Ich glaube, daß diese Frau nun die schlimmste Erfahrung ihres Lebens machte. Sie meinte, es kaum tragen zu können. Der, der sie wieder zum Menschen gemacht, der sie zum wirklichen Leben gebracht hatte, war weg. Er starb gefangen und verurteilt als Terrorist. Jene Hände, die soviel für sie getan hatten, sah sie am Kreuz bluten. Sie sah ihn einsam, verlassen von seinen geflohenen Jüngern, gemartert und geschlagen und alleingelassen.
Können Sie sich vorstellen, wie Marias Herz traurig war und zerbrochen? Ihr Leben unter dem Kreuz Jesu war völlig einsam geworden. Sie sah hierhin und dorthin; aber da war kein Jesus mehr, der sie sehen konnte. Ich glaube, solche Momente kennen wir, wenn einer unserer Lieben nicht mehr am Leben ist. Wir sind vertraut mit solchen Augenblicken am Bett der Sterbenden. So war es auch bei Maria; sie war so gut wie tot. Denn für Maria war Jesus das Leben, Jesus war der Sinn ihres Lebens.
Am Ostersonntag ging sie allein, voller Traurigkeit, um Jesus die letzte Ehre zu erweisen. Sie hatte keine Ahnung, daß er lebendig war.
Am Grab unterhielt sie sich mit dem lebendigen, auferstandenen Herrn. Jesus sagte: »Maria«, als ob er sie erinnern wollte. In dem Augenblick wußte sie genau, daß es Jesus war. Sie erkannte ihn. Sie war überglücklich. Sie wollte Jesus umarmen, um sich zu überzeugen, daß er es war. In ihre Verwirrung hinein sagte Jesus zu ihr: »Rühre mich nicht an. Du bist die erste, die mich gesehen hat; gehe hin, sage den anderen, was du gesehen hast.«

Ich habe den Herrn gesehen, der mein Leben in Ordnung gebracht hat. Mutig, verwirrt, voller Freude, österlicher Freude, und voll Gehorsam ging Maria und brachte den Jüngern die Kunde der Auferstehung Jesu. Sie hatte ihn in Wirklichkeit gesehen; er hatte sie beauftragt, den anderen von seiner Auferstehung zu berichten.
Maria wurde durch die Auferstehung Jesu zur Partnerin der anderen Jünger. Die Botschaft, die sie hatte, weckte in ihr Begeisterung, die anderen da zu suchen, wo sie waren. Maria hatte Jesus nicht nur mit den Augen gesehen, sie hatte ihn auch wieder in ihrem Leben. Er war für sie gegenwärtig und lebendig. Die Botschaft, die sie hatte, erfüllte ihr Leben, und sie war nicht einsam, traurig, sondern sie hatte vollen Frieden. Der Herr des Lebens war in ihr Leben gekommen; sie konnte nun zu den anderen gehen und mit ihnen Gemeinschaft erfahren. Die Freude, daß sie Jesus Christus gesehen hatte, die Wiederbelebung des Glaubens, machte sie zur ersten Missionarin und Botin des Evangeliums. Sie verkündet: »Ich habe den Herrn gesehen« (Johannes 20, 18).
Diese Botschaft gilt der ganzen Menschheit. In unserer Begeisterung sollen wir diese Botschaft ohne Ende weitertragen. Wahre Begegnung und Partnerschaft ist nur möglich, wenn Jesus Christus in meinem Leben ist. Er lebt, nicht nur für mich, sondern für viele, auch für diese Frau.
Die junge Kirche in Jerusalem unter der Führung der Apostel hat das gleiche wie diese Frau getan; das sagt auch 1. Johannes 1, 1–4. In der Apostelgeschichte heißt es: »Wir können es ja nicht lassen, daß wir nicht reden sollten von dem, was wir gesehen und gehört haben.« Ein Zeuge Jesu

redet von dem, was er gesehen hat, von Zeichen und Wundern Jesu.
Es ist wahr, einige sehen ihn sterben, andere sehen ihn als lebendigen Jesus. Und dieser lebendige Herr ist die neue Botschaft für die Welt. Gerade diese Botschaft verkündete Maria als Botin für die Gemeinschaft mit dem Herrn und mit anderen. Sie, Maria, verbreitete die Botschaft, ohne dazu gezwungen zu sein. Die Botschaft war für Maria lebendig.
Die zerstreuten Jünger aber glaubten es nicht, ihre Augen hatten Jesus noch nicht gesehen, und die Gegenwart Jesu war nicht zu spüren. Sie waren blind in ihren Gedanken und Herzen. In ihren Herzen war Jesus Christus tot. Weil sie den Herrn noch nicht gesehen hatten, saßen sie da und trauerten. Wenn jemand Jesus sieht und an ihn glaubt, werden seine Augen geöffnet wie bei Simeon, als er Jesus als Kind sah und sagte: »Herr, nun lässest du deinen Diener in Frieden fahren, denn meine Augen haben den Heiland gesehen.«
Es ist immer so, daß wir, wenn wir traurig sind, die frühere Erfahrung vergessen. Es gab bei den Jüngern gewissermaßen keine Energie, keinen Kraftstoff mehr, um den Weg der Verkündigung der Botschaft Jesu zu gehen. Sie waren mutlos. Es gab nichts mehr, was sie in Bewegung setzen konnte. Man konnte sie aus ihrer Trauer und Passivität nicht herausholen.

Teilhaber der Auferstehung

Mitten in ihre Trauer und Trostlosigkeit aber kommt Jesus selbst, er gibt ihnen Kraft, er macht sie wieder aktiv. Auch sie können endlich Jesus sehen, er tritt mitten unter sie in seiner herrlichen Gestalt. Das Sehen führt uns zum Glauben, verpflichtet uns zum Zeugnis und zur Sendung wie Maria und die Jünger.

Um gläubig zu werden, braucht es den Blick sowohl auf den Gekreuzigten als auch auf den Auferstandenen. Wir Christen sollten wissen, daß unser Leben ohne Christus ein Leben in Trauer bleibt, in schwarzer Kleidung. Aber wenn wir ihn schauen, gibt er uns Festtagskleidung und Freude. Wir werden wie die Lämmer vor Freude springen und tanzen, wenn er uns heil gemacht hat, weil Christus in meinem Leben lebt und auch auferstanden ist.

Den Herrn zu sehen heißt für mich: Ich bin dem Auferstandenen begegnet; er ist für mich jeden Tag da, er weckt mich. Sehen heißt weiter: Es gibt ein Geschenk, eine Vision von Gott und seiner Gegenwart und Offenbarung in meinem Leben. Moses versuchte, Gott zu sehen, doch Gott sagte zu ihm: »Mein Angesicht kannst du nicht sehen, denn kein Mensch wird leben, der mich sieht.« Im Neuen Testament läßt Gott sich sehen in Jesus Christus.

Was heißt denn sehen? Sehen heißt leben. Jakob sagte: »Ich habe Gott von Angesicht gesehen, und doch wurde mein Leben gerettet.« Das Schauen heißt in diesem Zusammenhang Leben und Heil. Die Botschaft von Ostern ist die Botschaft des Sehens und Schauens und des Gehens. Maria hat den lebendigen Herrn gesehen, sie hat ihn geschaut, und danach bekam sie einen Auftrag, zu den anderen zu eilen.

Vielleicht taucht die Frage in dir und in mir auf: Wo habe ich den Herrn gesehen in meinem Leben? Ist dieser Herr, der Auferstandene, in meinem Leben gegenwärtig? Kann ich jetzt spüren, daß er in mir ist?

Lasset uns jetzt gehen, um unsere Brüder und Schwestern zu suchen und das, was wir gehört und gesehen haben, weiterzusagen. Gott in seinem Sohn Jesus Christus macht uns zu Missionaren und Missionarinnen durch Begeisterung in der Mission und Partnerschaft.

Erste Begegnung

Meine Begeisterung ist durch Kontakte mit der Gemeinde Niederweimar angefacht worden. Ohne die Gemeinde Niederweimar und die Kirche von Kurhessen-Waldeck wäre eine solche Begeisterung bei mir nicht da. Meine Augen wären nicht geöffnet, den Reichtum der Christenheit zu sehen. Dieser Kontakt hat mir sehr geholfen, meine Situation zu Hause mit einer anderen Brille zu sehen. Das Kind, das nicht auf Reisen geht, weiß nicht, daß außer der eigenen Mutter auch andere Frauen eine gute Suppe kochen können. Nun habe ich die Grenzen überschritten und kenne meine eigene Lage und die Lage in Südafrika und in Deutschland besser. Ich kann heute sagen, meine Anwesenheit hier in Kurhessen-Waldeck ist ein Teil meiner Begeisterung geworden, weil ich dem Herrn begegnet bin und ihn gesehen habe.
1978 wurde mir eine Einladung nach Deutschland von Martin Schweizer aus Elim überreicht. Heute kann ich nur sagen, diese Reise war wirklich eine Zeugenreise, denn in Südafrika habe ich nie öffentlich darüber geredet, wie ich zum Christentum kam. Ich hatte immer Vorbehalte, über mich zu reden. Nun hatte ich die Gelegenheit gefunden, mich selbst zu entdecken: Wer bin ich, wohin gehe ich eigentlich? Mir ist durch diese Reise sehr geholfen worden.

Ich habe gelernt, durch mein eigenes Leben Zeugnis abzulegen. Ich erzählte meine Geschichte mit Gott. Mein Lebenslauf war eine Predigt, die vielen, hoffe ich, geholfen hat. Mir selbst wurde in dieser fremden Umgebung meine Vision deutlich, und die Begeisterung wurde geweckt. Die Atmosphäre war günstiger als in Südafrika; ich fand die Freiheit, die ich in Südafrika nicht genießen kann: freundliche Begegnung, aufmerksame Unterhaltung.

Das Programm

Am Anfang habe ich nicht davon zu träumen gewagt, hier längere Zeit zu arbeiten, doch ich liebte das Land. Wenn ich heute zurückdenke an jene erste Reise, dann kann ich nur sagen: Vieles war ein Tropfen auf den heißen Stein. Ich hatte oft nicht die Gelegenheit, intensiv mit Menschen zu reden, denn unser Programm war ein deutsches Programm. Schön voll und schön fest. Man hat vielleicht das Verlangen, einige Menschen ausführlicher zu sehen und zu sprechen, aber die Zeit ist knapp. Es gibt keine Flexibilität. Ich fühlte mich immer sehr gebunden an das Programm, heute in Hamburg, morgen in Tübingen, Marburg, Kassel. Immer war ich unterwegs. Ich sah nur Versammlungen: Leute, die zum Vortrag gekommen waren und wieder verschwanden wie Wasser im trockenen Sand. Ich sah auch schöne Häuser und Städte. Trotz der Hektik und des gedrängten Programms hörte meine Begeisterung nicht auf.

Vielleicht kann ich Ihnen einen Tip geben, wie man einen Afrikaner behandeln könnte, wenn er eingeladen wird zu einer solchen Reise: Man sollte ihm Raum zum Atmen geben und auch Zeit zum Nachdenken. Wir sind nicht gewohnt,

hektisch zu leben. Wenn wir einmal hektisch sind, wissen wir doch, daß wir in der nächsten Stunde Ruhe finden werden. Ein Afrikaner mit seiner Denkart möchte seine Erfahrung verarbeiten. Wenn es nicht geht, dann hat er keine Lust mehr und kann sich nicht mehr konzentrieren.
Bei mir war es so, daß ich stets irritiert war wegen der vielen Fragen. Und immer wurde an einem anderen Ort übernachtet. Man sagt, fremde Betten sind am ersten Tag nicht bequem. Ich glaube, Sie alle haben auch schon diese Erfahrung gemacht.
Ein Afrikaner sollte auch nicht das Gefühl haben, beobachtet zu werden. Der Gastgeber sollte ihm ermöglichen, frei zu sein.

Niederweimar

Wir sind inzwischen im Hessenland, erst bei Familie Motswasele in Kassel, wo wir auch Pfarrer Schwarz erstmals begegnet sind. Zum erstenmal erfahre ich, daß Pfarrer Heinrich Schwarz aus Niederweimar die Flugreise bezahlt hat. Ich erfahre auch, daß er mich schon für eine Woche in seiner Gemeinde eingeplant hat. Ich soll mit Pastor Bruns aus Hermannsburg zusammenarbeiten. Hauptsächlich soll ich in der Jugendarbeit und beim Kindergottesdienst mitwirken. Es hat mir Mühe gemacht, doch weil ich wußte, wer mein Flugticket gekauft hat, fand ich die Kraft mitzuwirken.
In dieser Gemeinde habe ich ausführlich über meinen Weg zu Christus und mit Christus berichtet (vgl. »Deine Hand lag schwer auf mir«). Ich habe versucht, alles zu erzählen, manchmal mit viel Freude, manchmal mit Mühe und

müde. Pfarrer Schwarz ist ein sehr freundlicher Mensch, ein Mensch, der andere nicht enttäuschen möchte. Wir wurden Freunde, obwohl er selbst nicht englisch spricht; aber Gott hat uns Wege gegeben, wie wir uns verständigen können. Wir haben eine Zeichensprache entwickelt, bei der wir uns mit Händen und Augen unterhalten.
Ich glaube, das war der Beginn unserer Freundschaft, die bis zum heutigen Tage gehalten hat. Ich finde es wichtig, daß Menschen von verschiedener Rasse, Sprache oder Kultur in dieser Weise zusammenfinden. Alles ist in Christus möglich. Weil mein Gott in Südafrika derselbe Gott hier in Deutschland ist, deshalb fühlte ich mich dort nicht als Fremder, sondern als einer von ihnen unter ihnen.
Wo aber hat bei Pfarrer Schwarz die Liebe für die Afrikaner begonnen? In der Umgebung von Marburg gab es schon lange Christen, die jährlich nach Hermannsburg fuhren zum Missionsfest, etwa aus den Gemeinden Ebsdorf und Roth und auch aus Frankenberg-Viermünden. Ich glaube, Ludwig Harms, der einst in Marburg gepredigt hatte, hat da eine Narbe zurückgelassen. Es war schon Gewohnheit, daß einige Freunde der Mission jährlich nach Hermannsburg fuhren. Auch Niederweimar war auf dem Hermannsburger Missionsfest vertreten. Heinrich Schwarz war dort, als Pastor Schweizer mit einem Chor unter der Leitung von Pastor Mokoma aus der West-Diözese auftrat. Dieser Chor wurde eingeladen, nach Niederweimar zu kommen. Sie hatten Terminschwierigkeiten, aber sie sind dennoch hingefahren.
Genaugenommen war ich nicht der erste Afrikaner in dieser Gegend. Pfarrer Ishmael Motswasele war schon als ökumenischer Mitarbeiter tätig in Kassel-Bettenhausen. Er hat durch seinen Dienst viele begeistert. Nun war der Chor da.

Er hat junge und alte Leute mit seinem Singen mitgerissen. Das begeisterte Pfarrer Schwarz so sehr, daß er mit seinem Kirchenvorstand überlegte, ob sie nicht einen Mitarbeiter aus Übersee einladen sollten. Der Chor aus der West-Diözese hat also eine große Rolle gespielt. Die Gemeinde Niederweimar gab sich nicht zufrieden damit, Spenden zu schicken, sie wollte einen Mitarbeiter haben.

Die Anfrage

Nun gab es mich. Ohne daß ich es wußte, war da etwas in den Gedanken in Gang gekommen. Alles wurde konkreter in der »Woche der Gemeinde«, als mein Name genannt und ich gefragt wurde, ob ich nicht Lust hätte, in der Gemeinde mitzuwirken als Austausch-Pastor. Auch der Kirchenvorstand war dafür, daß ich nach Niederweimar kommen sollte. Mit anderen Kirchenvorständen haben wir die Frage noch weiter diskutiert. Dann trafen wir uns bei Propst W. Immel. Wir haben uns in brüderlicher Weise besprochen.

»In Deutschland zu arbeiten, wird Ihnen schwerfallen«, sagte der Propst des Sprengels Waldeck-Marburg. Weiter meinte er, ich solle diese Gedanken noch einmal durchdenken, denn es gebe enorme Unterschiede zwischen Deutschland und Südafrika, zwischen Schwarzen und Weißen, auch zwischen den Kulturen. Besonders die Mentalität der Deutschen sei doch wohl ganz anders als die unsere. Ich hatte nach meiner persönlichen Erfahrung das Gefühl, daß es nicht leicht sein würde, in Deutschland zu arbeiten. Weil ich aber in Gottes Acker arbeiten und den Willen Gottes tun wollte, dachte ich, daß Gott selbst mir den Weg zeigen würde. Und Gott ist stärker als unsere Kulturen und unsere Mentalität. Die Liebe Gottes hat die Macht, eine Kultur zu schmelzen und umzuwandeln und ihr eine neue Form zu geben. Ich meine, niemand darf die kulturellen und politischen Elemente unterschätzen. Man muß diese beiden Dimensionen wahrnehmen. Man darf auch nicht alles als den Willen Gottes nehmen, denn es besteht die Gefahr, persönliche Neigung als Zeichen von Gott zu deuten. Die Engländer haben eine schöne Redewendung: »Don't fall in love, but grow in love« – Man soll nicht in die Liebe *fallen,* wohl aber in der Liebe *wachsen.* Das gilt auch für mein Kommen nach Marburg. Ich sollte nicht gleich »Ja« sagen, sondern erst meinen Weg und meine Fähigkeiten abwägen und überprüfen. Aber wer kann es in einer solchen Situation ablehnen, nach Deutschland zu kommen?

Vorfreude

Ich habe viel über das Wort Begeisterung gesagt. Was heißt oder bedeutet es eigentlich? In vielen Wörterbüchern wird es erklärt mit freudiger Erregung, Jubel, leidenschaftlichem Eifer etc. Für die christliche Bedeutung des Wortes ist Maria Magdalena ein gutes Beispiel, die leidenschaftliche Begeisterung für Jesus empfand, nachdem sie ihn gesehen hatte. Es bedeutet etwas Tieferes, wenn es christlich gesehen wird.

Ich habe selbst in meinem Leben oft gesehen, daß die Leute von einer Predigt begeistert sind, und weil die Botschaft der Predigt durch das Herz ging, fingen sie an zu weinen. Begeisterung ist für mich ein Erlebnis; es kann ein äußeres Erlebnis sein und auch ein inneres Erlebnis. Nehmen wir als Beispiel jemanden, der in der Lotterie gewonnen hat und eine Reise nach Jamaika plant. Ehe die Reise anfängt, macht er sich einige Gedanken und hat Vorstellungen von dieser Reise. In seiner Vorstellung sieht er Menschen, und er bemüht sich, das Land durch Broschüren und Bücher näher kennenzulernen. Zugespitzt ausgedrückt kann man sagen, seine Seele lebt schon in Jamaika, obwohl sein Körper noch in Deutschland ist. Manchmal sind negative Vorstellungen im Moment nicht wichtig; nur das Gute wird gesehen. Es kann sein, daß der Reisende alle Probleme des Landes von sich wegschiebt und nur an sich und seinen Urlaub denkt. Jedes Land hat seine eigenen Probleme, doch für die Urlauber ist das etwas, über das nicht nachgedacht wird. Genauso habe ich nicht an das für mich rauhe Wetter, an das andere Essen gedacht. Ich habe immer das Ziel vor mir gehabt, das Land, das ich sehen würde.

Luthers Land

Ich habe viel über Deutschland gelesen und gehört und hatte viel Kontakt mit deutschen Südafrikaner-Familien. Nun befand ich mich in Deutschland; was ich gehört und gelesen hatte, wurde Realität, wurde wahr.
Missionare kamen aus Deutschland nach Südafrika. Wo immer sie gewesen sind, haben sie Kirchen gebaut und deutsche Spuren hinterlassen. Es gibt deutsche Namen, deutsche Siedlungen. Ein Teil Deutschlands wurde in Südafrika gewissermaßen wiedergegründet, zum Beispiel Hermannsburg in Natal, Berlin irgendwo in der Kapprovinz. Doch es gab auch Unterschiede zwischen den Deutschen in Süd-

afrika und denen in der Bundesrepublik. Das Leben der Deutschen in Südafrika ist ruhiger als das der Menschen in Deutschland.

Ein anderer Grund der Begeisterung über Deutschland war für mich und andere Christen, daß Deutschland für uns Kern und Seele des Christentums war. Mit anderen Worten: Deutschland blieb für viele das Herz der Christenheit, als ob Jesus in Deutschland geboren worden sei und nicht in Bethlehem. Jeder Christ in Südafrika, der sich als Lutheraner bekennt, weiß genau von seiner geistlichen Herkunft: Deutschland. Die Reformation Luthers lebt noch unter vielen Christen. Statt »Deutschland, Deutschland über alles«, hören wir »Hier stehe ich – ich kann nicht anders«. Kein Wunder, denn unser Land ist durch drei Missionsgesellschaften geprägt. Ich nenne nur die zwei, die für uns wichtig sind, nämlich die Berliner und die Hermannsburger Mission. Durch ihre Arbeit ist schon seit langem eine Partnerschaft mit Europa da. Durch das Evangelium Jesu waren sie nicht mehr Fremde unter uns, sondern sie waren eins mit uns im Glauben. Im Lauf der Zeit wurde unsere Begeisterung immer größer. Ich weiß, daß einer der ersten Christen wie Bischof Serote mit dem Schiff nach Deutschland gereist ist, um sich mit der Bibelübersetzung zu beschäftigen.

Die Missionare haben nicht nur das Evangelium gepredigt, sondern sie haben auch ihre Kultur mitgebracht. Unbewußt haben sie Deutschland nach Südafrika mitgebracht oder übertragen. Kirchen im Stil der Kirchen in Deutschland sind bei uns gebaut worden. Anfangs war es für uns sehr schwer, uns an solche Kirchen zu gewöhnen, denn wir haben unsere Gottesdienste immer unter einem Baum gehalten. Als die Gemeinden wuchsen, haben wir Kirchen gebaut, große und kleine, als Kopien der Kirchen in Europa.

In unserem Blut fließt das deutsche Erbe. Wenn jemand Pfarrer wurde, hat er die Missionare imitiert, nachgeahmt. Schwarze Pfarrer ergriffen sonntags beim Gottesdienst die Gelegenheit, sogar ihre Stimme zu ändern; sie redeten wie die Missionare, die in ihren Predigten Sotho-Deutsch gesprochen haben. Die damaligen Pfarrer wiederholten dadurch, daß sie sie nachahmten, die Fehler ihrer deutschen Kollegen. Der deutsche Akzent wurde hörbar, und das hat die schwarzen Pastoren mitreißend gemacht.

Die Nachahmung hat ihre Gründe. Viele, besonders die Lehrer, wollten Pfarrer werden, damit sie wie Moneri-Missionare auftreten konnten. Sie haben sich mit den Missionaren identifiziert und wollten so bleiben.

Was wäre Deutschland ohne Luther, oder was wären die Christen im südlichen Afrika ohne seinen Geist der Reformation? Für uns war Luther ein Prophet und ein Visionär, ein Mensch, der in seinem Leben versucht hat, das Evangelium verständlich zu machen. Der Geist Luthers lebt noch durch seinen Lebenslauf und den Kleinen Katechismus, durch seine Lieder. Viele sagen, wenn man die Bibel verstehen will, sollte man zuerst die »kleine Bibel Luthers« lesen, nämlich den Kleinen Katechismus. Durch seinen Katechismus wurden zahlreiche Menschen hier in Afrika bekehrt im Sinne des Wortes. Ich glaube, das geht auch vielen Christen in Deutschland so. Seine schöpferische Arbeit bei der Bibelübersetzung, wodurch die deutsche Sprache belebt wurde – alles das verdanken wir Martin Luther.

In Südafrika kennt man die Namen der Städte, wo Luther gewirkt hat: Wittenberg mit den 95 Thesen, Eisleben, Worms und andere.

Ich meine, daß auch ich eine überspitzte Vorstellung von Deutschland insofern hatte, als ich glaubte, die Menschen in Deutschland seien alle Christen und ihre Kirchen seien immer voll. Weil die Christen zu uns gekommen sind und das Evangelium gepredigt haben, meinen wir, daß in Deutschland die Kirche keine Probleme hat. Wir in unserer Gemeinde müssen uns anstrengen, die Menschen zusammenzubringen. In Deutschland drückt man nur auf den Schalter, und dann läuten die Glocken.
Das Sprichwort »Das Kind, das nicht auf die Reise geht, weiß nicht, daß außer der eigenen Mutter auch andere Frauen eine gute Suppe kochen können« hat eine Parallele in der Pedi-Sprache: »Sogana le le sa sepeleng le nyala Kgaetsedi« – Der Junge, der nicht auf die Reise geht, heiratet schließlich seine Schwester.
Die Erfahrung, die man sammelt, hilft, daß die Eindrücke richtig eingeordnet werden. Man darf nicht vergessen, daß die Erwartung manchmal enttäuscht werden kann; aber auch das kann hilfreich sein. Was mich enttäuscht, kann durch meine Begeisterung belebt werden, indem ich etwas zu ändern suche. Am Beispiel Fußball möchte ich zeigen, was ich meine. Der Niederweimarer F.C. hat Fans, die ihren Fußballspielern immer zujubeln, schon dann, wenn die Mannschaft beginnt zu spielen. Sie pfeifen und machen ihrer Mannschaft Mut. Wenn ein Tor geschossen ist, wird die Begeisterung stark und groß. Und wenn die Mannschaft verliert, werden die Fans nach dem Spiel die Fehler diskutieren und korrigieren. Wenn sie auch verloren haben, die Anhänger bleiben mit Rat und Tat da.

Vielfalt

Was ich in Deutschland gesehen habe, hat mich nicht enttäuscht, sondern es hat mich ermutigt, etwas zu geben. Was ich eigenartig fand, war die Pluralität der Evangelischen Kirche. Ich habe erwartet, eine Kirche unter einem Bischof zu finden – siehe da, es gab viele Landeskirchen. Während wir in Südafrika für die Einheit aller evangelisch-lutherischen Kirchen kämpfen, ist in Deutschland davon nie die Rede. Man denkt bei uns nicht daran, daß es in Deutschland verschiedene geschichtliche Entwicklungen in der Kirche gab; man denkt, die Kirche sei eine einzige und es dürfe keine Unterschiede geben. Aber in Deutschland gibt es Unierte, Reformierte, Lutheraner und andere. Unsere Heimat in Südafrika ist die lutherische Kirche.

Ich habe auch gelernt, daß Einheit nicht heißt, den gleichen Tanz zur gleichen Musik zu tanzen. Es wäre langweilig, wenn die ganze Menschheit das gleiche Denken und die gleichen Gewohnheiten hätte. Deshalb hat Gott am Anfang auch zwei verschiedene Menschen geschaffen.

»Und Gott schuf den Menschen zu seinem Bilde, zum Bilde Gottes schuf er ihn; und er schuf sie als Mann und Weib.« – »Und Gott der Herr sprach: Es ist nicht gut, daß der Mensch allein sei; ich will ihm eine Gehilfin machen, die um ihn sei« (1. Mose 1, 27 und 2, 18). Sehen Sie! Einheit heißt nicht, daß es nur Bananen gibt, sondern es muß auch Pfirsiche oder Apfelsinen geben. Der eine kann nicht leben ohne den anderen. Es tut wohl, die Natur anzuschauen: Es gibt verschiedene Blumen und Bäume, alle zusammen erst bekleiden die Natur mit Schönheit.

Auch in der Kirche wird es bunt sein wie in der Natur. Die Evangelische Kirche Deutschlands ist sehr reich durch die vielen Landeskirchen; davon lebt sie. Auch die Missionsgesellschaften sind verschieden in ihren Zielen, dennoch haben sie vieles erreicht. Aber es besteht die Gefahr, daß die Missionsgesellschaften unabhängig von der Kirche arbeiten, wie eine Insel innerhalb der Kirche.

Fragen

Deutschland ist, obwohl es nicht viele Rohstoffe wie Gold und Diamanten hat, eine Industrienation geworden. Es gibt wohlhabende Menschen, und es gibt die Freiheit der Menschen. Allerdings habe ich meine Zweifel, ob die Deutschen wirklich frei sind, ich meine, politisch gesehen. Meine Beobachtung ist, daß Deutschland noch nicht frei ist; es ist noch auf dem Weg zur Freiheit. Viele Menschen haben Angst vor der Zukunft. Außerdem gibt es da noch die Besatzungsmächte. Äußerlich herrscht Friede, innerlich nur vielleicht. Deutschland liegt ganz und gar in der Pufferzone zwischen Ost und West, viele haben da Angst vor den Russen. Sind sie wirklich frei?
Geistlich sehe ich manche Menschen reich, andere arm. Die armen Christen unterstützen die Kirche besser als die reichen. Die Kirche ist in Deutschland eine Kirche für die alten Menschen, nicht für die reichen, die lieber ihr Geld nach Mallorca tragen als in die Kirche. Als ich diese Armut sah, ermutigte mich das, mit allen Menschen zu arbeiten. Die Kirchen waren zum Teil leer, und ich fragte, wo denn die Menschen sind. Dies wurde mir nicht beantwortet. Länger schlafen am Sonntag, einen

Ausflug machen oder spazierengehen – das alles macht die Kirche arm.
Nicht alles ist bunt in Deutschland. Die Kirche hat ihre Probleme, genug Probleme. Von daher können die Kirche in Südafrika und die Kirche in Deutschland Erfahrungen austauschen.

3. Ein Mensch unter Menschen

Ich habe jetzt so geschrieben, als ob ich schon mitten in meinem Bericht wäre; aber ich bin noch am Anfang. Am 10. Februar 1980 befanden wir uns mit zahlreichen Gemeindegliedern und Freunden auf dem Jan-Smuts-Flughafen in Johannesburg. Die Gemeinde hat gesungen zum Abschied. Eine alte Frau sagte mir: »Vergiß nicht, mein Kind, die Stätten zu besuchen, wo Luther gewirkt hat, und wenn du zurückkommst, wirst du ein Heiliger sein.« Wurde ich in den sechs Jahren ein Heiliger?

Am 11. Februar 1980 trafen wir auf dem Frankfurter Flughafen ein. Wir wurden von Pfarrer Heinrich Schwarz und einer Kirchenvorsteherin, Frau Brigitte Grundner, empfangen. Wegen der deutschen Sprache waren wir fast taub und stumm. Wir konnten Englisch, bloß ein paar deutsche Worte, die ähnlich klingen wie die entsprechenden Ausdrücke in der Buren-Sprache, zum Beispiel Kind, oder Guten Morgen. Uns blieb anfangs meistens nur die Zeichensprache.

Zunächst haben wir bei Familie Professor H. G. Grundner gewohnt. Die Gemeindeglieder von Niederweimar und Umgebung brachten viele Geschenke und alles, was nötig war. Das war ein Zeichen, daß sie schon lange auf uns gewartet hatten. An einem Nachmittag kamen alle Pfarrer aus dem Kirchenkreis Marburg-Land; einige konnten Englisch sprechen, andere, wie mein Kollege Schwarz, konnten nur Deutsch. Wir waren sehr davon beeindruckt, die Liebe dieser Menschen zu sehen.

Mir kam die Frage: Was kann ich tun, diese Liebe zu beantworten? Dazu kam mir folgender Gedanke: Wie andere

Missionare, die bei uns gearbeitet haben, kam ich nach Deutschland einfach als Mensch; denn viele außer einem kleinen Kreis wußten nicht, ob ich Christ bin oder gar Pfarrer. Zuerst haben sie nur einen Menschen in mir gesehen, nicht unbedingt einen Christen. Viele haben gefragt, ob ich aus Amerika komme oder aus Zaïre oder aus Kenia. Fragen, die auf mich als Menschen abzielten, wurden da gestellt: Was willst du hier? Willst du hier studieren? Im Laufe der Zeit nahmen die Menschen mich als ihresgleichen unter sich auf.

Was ist Freiheit?

Ich kam in einen anderen Teil der Gottesschöpfung. Ich kam nach Deutschland als ein Mensch, der in seiner Heimat als Untermensch behandelt wird, der keineswegs Bruderschaft findet bei allen Menschen Südafrikas. Es gibt dort kein Zusammenkommen am Tisch des Herrn für Menschen verschiedener Kultur und Hautfarbe.

Man stellt sich dann die Frage: Wie weit geht die Freiheit der Christen, wie soll ein Christ in seinem täglichen Leben handeln und leben? Haben die Jünger unter jüdischen Gewohnheiten Freiheit erfahren? Selbst Jesus, der Sohn Gottes und unser Bruder, hat er während seines Lebens und seines Aufenthalts Freiheit erfahren? Wenn die Antwort »Ja« ist – was für eine Freiheit war es? Viele Menschen sprechen heute von Freiheit – was für eine Freiheit meinen sie? Was lehrt uns die Bibel über Freiheit?

Nach meinem theologischen Verständnis ist Freiheit nur möglich vom Kreuz her. Unter dem Kreuz Christi beginnt die Freiheit als Frucht der Versöhnung zwischen Gott und

Menschen. Am Kreuz hat die Vergebung der Sünde begonnen. Ohne Vergebung und Versöhnung gibt es gar keine Freiheit. Ungerechtigkeit, Unterdrückung, Haß, Spaltung sind eigentlich Folge der Trennung zwischen Gott und Mensch. Wenn ich von Gott getrennt lebe, dann wird mein Leben von Haß und Ungerechtigkeit beherrscht. Die Welt von heute ist krank, weil jeder, selbst Kirchenführer oder Politiker, sein eigener Gott ist, und sie wollen die Welt selbst in Ordnung bringen. Deshalb sehen wir Mißverständnisse in vielen Kirchen sowohl in Deutschland als auch in Südafrika: In Südafrika gibt es Spannungen zwischen SACC und NGK – dem Südafrikanischen Rat der Kirchen und der Niederländisch Reformierten Kirche – in Deutschland gelegentlich zwischen der EKD und den Evangelikalen. Statt Zusammenarbeit finde ich eine Kluft. Die afrikanische Grundhaltung des Miteinander habe ich in meinem ersten Buch »Deine Hand lag schwer auf mir« schon skizziert; sie läßt sich in die Worte fassen: »Ich bin, weil wir sind; deshalb sind wir.« In unserer Verschiedenheit darf niemand sich von den andern trennen und Mauern bauen; sondern wenn ich weiß, daß ich andere Menschen brauche und ohne sie nicht leben kann, werde ich ermutigt, anderen zu begegnen in ihrer Schwachheit und in ihrer Stärke. Man weiß, wie egoistisch die Menschen sein können; doch sie erkennen in ihrer egoistischen Welt, daß sie in der Einsamkeit so gut wie tot sind und daß Alleinsein unmöglich ist. Doch auch in der Gemeinschaft gibt es Probleme, weil Menschen oft nicht fähig sind, anderen zuzuhören.

Wir haben in der deutschen Sprache das Wort »Geduld«, auf englisch heißt es »patience«. Wer kann heute noch in unseren Kirchen und in der Welt Geduld aufbringen? Wir kämpfen gegeneinander mit Worten im Namen der Kirche oder der Politik, und wir tun so, als seien wir selbst die einzigen, die recht haben. Ich bin überzeugt, daß dieses Wort »Geduld« keine große Rolle spielt bei unseren Predigten oder wenn wir in einer Sitzung sind. Was bedeutet es aber gerade dann, Geduld zu üben? Das griechische Wort dafür hat uns viel zu sagen. Abwarten oder Mut zum Wagnis haben, bedeutet es. Langmut, wie Gott sie hat, steht zwischen den Polen von Zorn und Gnade. In der Liebe werden wir ertragen und ertragen einander (zum Beispiel Epheser 4, 2). Kurz gesagt, heißt Geduld »langes Leiden« (longsuffering), damit Friede und Freiheit herrschen kann.

Die Fähigkeit zuzuhören und die wahre Geduld sind eigentlich tot in manchen Herzen. Was uns heute beherrscht, sind emotionale Elemente statt Geduld. Wir wollen für uns allein leben, doch wir haben Angst, allein zu sein. Selbst wenn wir Gemeinschaft finden, stehen wir oft mit dem, was wir sagen möchten, allein. Ich zitiere, was Walter Trobisch darüber nach einer indischen Legende geschrieben hat: »Herr, ich weiß nicht, ich kann es nicht erklären, aber nach all meinen Erfahrungen mit dieser Frau bin ich zum Schluß gekommen, daß sie mehr Kummer als Freude bereitet. Ich flehe dich deshalb an, nimm sie wieder zurück!« Aber der Schöpfer sprach: »Mach, daß du fortkommst, geschwind, denn mir ist es genug! Lebe so, wie du kannst.« Darauf sprach der Mann: »Aber ich kann mit ihr nicht leben!« – »Und ohne sie kannst du auch nicht leben!« entgegnete der Schöpfer. »Was soll ich tun?« sagte der Mann voller Verzweiflung. »Ich kann nicht mit ihr leben, und ich kann auch nicht ohne sie leben.«

Die Leere in unserem Leben macht uns kaputt. Wenn wir in der Gemeinschaft sind, decken wir unsere Leere mit vielen schönen Worten zu, die nicht zur Freiheit führen. Wie viele Worte werden gesprochen von Pfarrern, Bischöfen und von Politikern und Abgeordneten. Einer kommt und sagt: »Ich werde das und jenes für euch tun, wenn ihr mich unterstützt« oder: »Ich bin der einzige, der die Wahrheit kennt, deshalb können Sie mit mir rechnen und sich auf mich verlassen!« Wie viele von uns sind solchen Slogans gefolgt und waren später enttäuscht? Ich bin kein Wahrsager oder Prophet, doch durch meinen winzigen Glauben weiß ich genau, wo Freiheit beginnt. Ich weiß durch die Begegnung mit Christus, dem unsichtbaren Christus, daß er allein die Mitte meiner Freiheit ist. Weil ich ihm begegnete, gab er mir die Vergebung der Sünde. Die Sünde hatte mich von Gott und Menschen getrennt.

Nicht alle Fragen waren gut gemeint

»Willst du hier studieren?« Die Menschen in der Bundesrepublik zeigten durch ihre Fragen Interesse an meiner Familie, und sie nahmen mich als ihresgleichen auf. Ob nun Schwarz oder Weiß, wir alle sind Menschen, von Gott gemacht. Fragen, die zum Verständnis untereinander beitragen, sind nötig – wenn ich auch gemerkt habe, daß einige Fragen spöttisch gemeint waren. Doch ich habe etwas Neues gelernt: geduldig zu sein, nicht schnell zu reagieren oder Urteile zu fällen. Das ist es auch, was wir in Südafrika brauchen: Zuhören und Mitdenken.
Geduld ist die wichtigste Losung für das Zusammenleben. Wir brauchen Verständnis, Mitleiden, Zuhören und die Fähigkeit, den anderen mit seinen Sorgen zu verstehen. Durch das Leiden, durch meine Erfahrung als Kind, als

junger Mann und als Ehemann, als praktizierender Christ habe ich gelernt, andere zu achten und zu versuchen, sie zu verstehen. Deshalb haben die vielen spöttischen und die ernsten Fragen, die zum Verstehen beitragen sollten, mir geholfen. Und weil mein Gott in Südafrika in den »squatters«, den Elendsquartieren von Pretoria und in meiner Heimat Medingen derselbe Gott ist wie in Deutschland, fühlte ich mich hier nicht fremd, denn Gott ist auch hier gegenwärtig und lebendig. Der Gott, der sich in seinem Sohn Jesus Christus offenbart; ist der Gott, der für mich da ist, auch im fremden Deutschland. Weil er auch Gott für die deutschen Christen ist, bin ich nicht allein, ich bin mit seinem Volk verbunden. Wenn sie auch eine andere Hautfarbe und andere Sitten haben, sind sie doch in Gott meine Brüder und Schwestern. Gott hat die Welt geliebt, er hat alle Menschen gleich geliebt und liebt sie noch. Weil Gott seine Geschöpfe liebte, sandte er seinen Sohn, und nach der Auferstehung sandte Jesus uns Menschen, um die frohe Botschaft der Auferstehung und Hoffnung bekannt zu machen.

Diese Liebe drängte mich, auch Menschen verschiedener Hautfarbe von dieser Liebe zu erzählen. Diese Liebe trennte mich aber von meinen Eltern, von meinen Landsleuten und Freunden, damit ich den Menschen hier in der Bundesrepublik dienen konnte. Ich trennte mich von dem Alltag der Unterdrückung, von dem Schmerz der Rassenkonflikte. Mit meinen Eigenschaften und Gewohnheiten kam ich nun nach Niederweimar, um sechs Jahre lang den Menschen von Gottes Liebe zu erzählen.

Ich habe viel Wärme und Liebe bei den Menschen in Niederweimar gefunden. Ich habe das Wachsen der Liebe in vielen Menschen erfahren, so sehr, daß ich nicht wußte, wie ich auf diese Liebe antworten sollte.

Immer wieder kam mir die Frage: Wie soll ich meine Botschaft bringen? Wie kann ich Menschen auch meine Situation verstehen lassen? Denn die Theologie in Deutschland ist sehr kompliziert, viele Gedankengänge waren für mich neu und sehr fremd. Ich paßte nicht in die Kreise der Theologen in Deutschland. Es ging mir sehr schlecht. Manchmal war ich konfrontiert mit dem Gegensatz zwischen Theorie und Praxis, zwischen der offiziellen Kirche und den Menschen in den Gemeinden. Was nun? Ich wurde ein Einzelgänger, aber das war auch nicht gut. In den Pfarrkonferenzen blieb ich stumm; ich saß dabei, ohne mich zu beteiligen. Gelegentlich kam ich mir dumm vor, denn die Sprache war am Anfang eine Schwierigkeit, ich konnte nicht viel verstehen. Es war letztlich gut so, denn man muß im Leben lernen zu warten – trotz des Schmerzes des Wartens. Hier kann ich nur erwähnen, was Paulus in 1. Korinther 13, 4. 7. 8 sagt: Die Liebe ist langmütig, sie duldet alles; die Liebe höret nimmer auf.

Ich möchte hier denen, die einmal in der Mission Gottes arbeiten, ob in Deutschland oder anderswo, einen brüderlichen Rat geben. Es ist gut und recht, erst zu warten, am Anfang Geduld zu üben. Wir haben eine Redewendung in der Sotho-Sprache, die heißt: »Moeng o naka dimaripa« – »Ein Gast ist oft sehr neugierig.« Das will wohl heißen, daß der Gast, ehe er begrüßt oder willkommen geheißen ist, sich vielleicht schon bewegt im Haus und einfach nimmt, was ihm gar nicht angeboten worden ist. Oder er will das, was er gehört hat, auch gleich anbringen. Das ist falsch; man sollte erst einiges verstehen lernen und danach mitreden.

Es gibt viele Beispiele in der Mission, daß Fehler gemacht wurden, weil einer meinte, er kenne alles und die Hörer seien unwissend. Das sind Fehler von Missionaren, die bei uns gearbeitet haben. Bevor sie zu uns kamen, haben sie sich über uns in zahlreichen Büchern informiert. Was sie gelesen hatten, war für sie endgültig, und sie nahmen diese unzureichenden Informationen als Realität, ohne sich selbst die Mühe zu machen, das, was sie gelesen hatten, für sich an Ort und Stelle zu überprüfen. Ein gutes Beispiel dafür ist die Art, wie die Schwarzen ihre Häuser bauen, sich kleiden oder wie sie essen. Als die Missionare das sahen, dachten sie: »barbarisch«; sie gaben den Menschen Löffel und Gabeln, damit sie besser essen könnten; sie gaben ihnen Kleidung, weil sie sie in ihren afrikanischen Gewändern als rückständig betrachteten. Nun wollten sie sie zu Menschen, zu Christen machen. Deshalb wissen viele Schwarze, ob in Kenia oder Südafrika, nicht, ob sie nach christlichen, europäischen oder afrikanischen Normen leben. Denn durch die Ungeduld der Missionare ist die Welt heute anders geworden. Der Haß ist größer. Der Beginn des Christentums in diesen Ländern stand unter dem Einfluß des Ehrgeizes.

Häufig heute noch, jedenfalls in den Schriften der Missionare, liest man, daß der Lebensstandard einer bestimmten Bevölkerung am Amazonas, in Indien oder Indonesien gehoben und verbessert werden soll. Ist es unsere Aufgabe vom Evangelium her, die Lage der Menschen äußerlich zu verbessern, oder ist es unsere Aufgabe, die Menschen Jesus begegnen zu lassen? Ich bin überzeugt, daß wir es falsch machen, wenn wir die Menschen zwingen, einen bestimm-

ten Lebensstandard anzustreben, und meinen, das sei Christentum. Ich habe mehrmals die Bibel sorgfältig gelesen, und ich habe nie eine Stelle gefunden, wo gesagt wird, wir sollen als Bedingung dafür, daß jemand Christ wird, den Lebensstandard dieses Menschen ändern.
Jesus hat, als er die Jünger berief, nicht etwas Großes verlangt; er hat sie nur in die Nachfolge gerufen: Folge mir nach! Er hat nicht gesagt: Du, Petrus, erst sollst du dir bessere Sitten angewöhnen, eine Wasserleitung, ein besseres Haus, Teller usw. beschaffen. Er hat deutlich gesagt: »Folge mir!« Jesus verstand die Lage der Menschen besser als wir. Er war voller Wissen, aber er hat nicht Menschen gezwungen, dies oder jenes zu tun. Unsere Aufgabe, wenn wir Früchte sehen wollen, ist erst, zu warten – zu warten auf den Augenblick, wo wir dann bereit sein sollen für den Einsatz. Wir sollen auf die Stimme Gottes warten; danach erst können wir den Menschen einen guten Rat geben.
Ich wagte es nicht, von Anfang an mitzureden oder mitzuentscheiden. Es schmerzt zu schweigen, aber es nützt doch.

Schwarz-weiß

Die ersten zwei Jahre waren für mich eine Schule des Lernens und Wartens. Obwohl ich wußte, daß die Zeit vergeht, hat mir das keine Angst gemacht. Während dieser Zeit habe ich Positives, aber auch Negatives kennengelernt. Beides macht das Leben lebenswert. Ich habe die Hingabe der Menschen um uns erkannt und wahrgenommen. Das, was sie uns aus ihren Herzen sagten, war das, was ihr Leben betrifft; es war nicht nur Lippenbekenntnis, sondern ein Teil ihres Lebens und Glaubens. Natürlich gab

es auch Menschen, die ihre Gefühle und ihre Gedanken nicht beherrschten; sie haben uns manchmal als Menschen so abgelehnt, daß sie böse ausspucken konnten. Sie waren jedenfalls ehrlich; sie wollten nicht bloß weiße Zähne zeigen, während es in ihren Herzen schwarz aussieht. Ich habe Achtung vor solchen Menschen.
Ich war bisher der Meinung gewesen, daß die »Weißen« immer perfekt sind und ohne Fehler. Jetzt verstehe ich, daß sie eben auch Menschen sind. Was ich unter der schwarzen Bevölkerung erfahren hatte, war das Gleiche wie bei den Weißen. Zum Beispiel kam es auch bei Weißen oft vor, daß hinter dem Rücken über andere Menschen geredet wurde. Als ich als Kind zum erstenmal Weiße sah, dachte ich: Sie gehen nicht zur Toilette; sie brauchen kein Wasser; sie weinen nicht. Es klingt witzig, aber es ist wahr. Nun sah ich die Weinenden, die Menschen, die auch krank sein können.
Auch Negatives habe ich erfahren, nicht direkt, vielmehr im Blick auf Studenten aus aller Welt, auch auf schwarze Soldaten aus Amerika. Wir selber waren wahrscheinlich in einer günstigeren Lage, weil ich als Pfarrer hierher gekommen und akzeptiert worden bin. Aber ich habe erfahren, daß das Leben für die schwarzen Studenten aus aller Welt manchmal eine Qual ist. Sie werden nicht voll akzeptiert. Ich hörte zum Beispiel von einem Disko-Club, der nur für Deutsche reserviert ist. Allerdings ändert sich das langsam. Auch ich war anfangs sehr irritiert. Schon wegen der Sprache bekam ich Schwierigkeiten. Eines Tages wollte ich in Marburg in der Nähe der Elisabeth-Kirche in einem Laden etwas kaufen. Plötzlich sagte eine Dame neben mir: »Can I help you, gelle?« Ich sah mich um und überlegte, ob ich etwa Mädchen-Merkmale hatte. Sie sagte wieder das Wort

»gelle«, bis ich ihr antwortete: »I am not a girl, but I am a boy« – Ich bin kein Mädchen, sondern ein Junge. Später habe ich gelacht, weil der Ausdruck »gelle« eigentlich nichts bedeutet; die Frau hat es außerdem gut gemeint. Damals aber war ich sehr böse, weil ich dachte, sie vergleicht mich mit einem Mädchen. Ich habe erst später erfahren, daß das Wort keine weitere Bedeutung hat.

Seid Ihr im Bild?

Auch viele, die uns zum erstenmal sahen, haben manchmal kindische Fragen gestellt, die uns menschlich verletzt haben. Zum Beispiel wurde gefragt, ob ich meinen Anzug hier gekauft habe oder in Frankfurt. Ich glaube, die Medien haben die Schwarzen völlig falsch dargestellt. Diese Frage zeigt, daß viele denken, die schwarzen Menschen leben nackt. Als ob ich von Südafrika bis zum Ausgang des Flughafens nackt gereist wäre! Man hat uns mit Menschen aus der Steinzeit gleichgesetzt. Das ist in vieler Hinsicht ein Problem der Berichterstattung – eine Folge der Bilder, die von Missionen oder von Zeitungen in ihren Berichten veröffentlicht werden. Sie fotografieren oft nur die Elenden oder die Menschen, die mit ihrem Lebensstandard am Rande stehen. Die Leser betrachten solche Berichterstattung als repräsentativ für die ganze schwarze Bevölkerung. Nehmen wir ein Beispiel aus meiner Heimat Südafrika! Viele Berichte mit Fotos zeigen nur Blech- oder Lehmhäuser, sogenannte Squatters, und viele Menschen in der Bundesrepublik denken auch, daß alle Schwarzen unter solchen Umständen leben. Sie vergessen, daß es in jedem Volk verschiedene Schichten gibt. Es gibt überall Arme

und Reiche, es gibt eine erste Klasse, eine zweite und eine dritte.
Als Nachkommen der Kannibalen haben uns einige gesehen und beurteilt. Manche sind, weil die Kultur und die Sitten sehr verschieden sind, mit ihrem Interesse in meine privaten Familienangelegenheiten eingedrungen, so daß auch in meiner Familie einige unheilbare Wunden zurückgeblieben sind. Weil vieles von den Medien entsprechend dargestellt wurde, sind einige zu uns, insbesondere zu mir, gekommen mit ihren Vorstellungen. Sie haben dadurch, ohne zu überlegen und ohne Verständnis, in meiner Familie Partei ergriffen. Manche kamen mit ihren immer fertigen automatischen Antworten und kehrten dadurch anderes unter den Teppich, was vielleicht wichtiger ist. Dies sind Erlebnisse, die mich schwer getroffen haben. Ich meine aber, solche Verletzungen waren auch Teil meines Lernens.

Ich sah keine Farbe mehr

Trotzdem hat meine Erfahrung als Missionar und Bote Gottes vielen viel Freude gebracht. Aber nicht nur das, viele haben auch den Weg und den Sinn des Lebens erkannt und sind Jesus begegnet. Manche, die nicht zur Kirche gehörten oder nur dem Namen nach Christen waren, fingen an, aktiv zu werden. Zu allem, was ich erlebt habe, möchte ich in wenigen Sätzen zusammenfassend sagen: Als ich die Sprache und auch die Mentalität der Menschen mitbekommen und auch die Entscheidung gefällt hatte, wie ich bin, zu bleiben, sah ich nicht mehr weiße Menschen. Beim Gottesdienst sah ich die Weißen nicht mehr mit den Augen eines Afrikaners wie in Südafrika, sondern ich sah in ihnen allen Menschen, Menschen, die auch Probleme haben, Menschen, die Angst haben. Die Hautfarbe der Menschen spielte keine Rolle mehr. Ich war erleichtert, Menschen anzuschauen, wie sie sind, sie nicht nach ihrer Hautfarbe oder Kultur zu beurteilen, sondern sie als Menschen zu sehen, die von Gott geliebt und geschaffen sind.

Ich sah und durchschaute durch die Hilfe des Evangeliums Jesu Menschen mit ihren Sehnsüchten, mit ihren Problemen und dem Suchen nach dem Sinn des Lebens, genauso wie in meiner Heimat. Durch den Glauben an Jesus Christus, der mich aus meinen Sitten gerufen und als seinen Botschafter gesandt hat, spielte die Hautfarbe keine Rolle mehr, sie hat keine Bedeutung mehr für mich.

All das zu überwinden, ist ein Kampf; Menschen als Geschöpfe Gottes zu sehen, ist nicht leicht. Heute ist es schwer, Menschenwürde zu bewahren; deshalb gibt es Konflikte zwischen Schwarzen und Weißen in Südafrika und in Amerika. Es gibt auch Konflikte zwischen Deutschen und Deutschen. Warum erschlagen die Menschen sich in Diskotheken, warum rauben sie, werfen Bomben oder schießen?

Ich bin ganz sicher, uns fehlen die »Augen Jesu«, die Augen, die den realen Menschen sehen: einen Menschen, nicht eine Katze, sondern einen Menschen, von Gott geschaffen. Ich sage nicht, daß ich ohne Haß lebte, doch durch die Nähe Jesu und den Glauben an diesen Mann von Nazareth und durch sein Leben kann man seine Sicht auf andere Menschen ändern.

Ich denke an das Leben von Mose: Ein Mörder wird Befreier anderer Menschen. Seine Sicht war durch die Begegnung mit Gott eine andere geworden. Er lebte in der Gegenwart Gottes, der seinen Blick änderte. Ich denke zum Beispiel an Menschen wie Paulus: Ehe er Jesus auf dem Weg nach Damaskus begegnete, war sein Blick für die Menschen, vor allem für die Christen, durch Haß und Angst so beeinflußt, daß er die Christen ins Gefängnis brachte (Apostelgeschichte 7). Er hat sich bei der Ermordung von Stephanus als Zeuge beteiligt, er freute sich über dessen Steinigung. Aber als der Herr, der Auferstandene, ihn anrührte, wurde er ein ganz anderer, ein erneuerter Mensch. Sein Blick für die Menschen änderte sich völlig.

»Das Kind, das nicht auf die Reise geht, weiß nicht, daß außer der eigenen Mutter auch andere Frauen eine gute Suppe kochen können.« Das kann Anregungen für die Christen verschiedener Farbe und Kultur bringen. In der Mission können wir, wenn unser Blick geändert ist, im Geist Christi einander bereichern und voneinander lernen. Der Verfasser dieses Buches ist ganz sicher, daß die Hautfarbe in der Mission keine Bedeutung hat, denn die Farbe hat kein Verständnis, kein Gefühl, kann auch nicht reden – wohl aber der Mensch. Meine Hautfarbe ist zeitlich. Meine Farbe hat keine Bedeutung mehr am Grab. Was bleibt, ist der Mensch nach dem Bilde Gottes. Ich werde nicht mit meiner jetzigen Hautfarbe in den Himmel gehen. Im Himmel werde ich wie jeder andere eine neue Farbe Gottes bekommen, denn meine Farbe in der Gegenwart Gottes in der Fülle der Zeit wird die Herrlichkeit Gottes sein.

Deshalb versuchte ich, nach meiner Berufung zu leben, und ich versuchte zu lernen, was andere tun, weil das auch mein Leben bereichert und nährt. Wie ich am Anfang angedeutet habe, kann keine Kirche, kein Pfarrer und keine Mission ohne Begeisterung leben. Ohne Begeisterung im

Dienst des Herrn zu stehen, macht keinen Spaß, denn dann ist der Beruf keine Berufung mehr, sondern nur noch ein Job. Aber wer seine Berufung ernst nimmt, der wird auch Hindernisse überwinden.
Ich habe vieles erlebt, was das Herz erfreute, aber auch, was mir Kummer bereitete. Ich war ein Mensch unter Menschen und habe getan, was ich konnte. Ich habe auch Fehler gemacht, ich werde wie jeder andere auch in der Zukunft Fehler machen. Aber die Begegnung mit den Christen in der Bundesrepublik soll nicht durch Fehler überschattet werden.

4. In der Gemeinde

Ich wäre ganz einseitig, wenn ich die erste Begegnung mit der Gemeinde im Gottesdienst am 17. Februar 1980 nicht erwähnte. Es war der offizielle Empfang im Kirchenkreis Marburg-Land und im Kirchspiel Niederweimar. Die Liebe Gottes überstrahlte alles. Es war ein schöner Gottesdienst. Kinder kamen, um ihren »schwarzen« Pfarrer zum erstenmal zu sehen. Wie es bei solchen Gelegenheiten üblich ist, wurde Kaffee und Kuchen serviert. Der Empfang mit der Predigt, die von Dekan Walter Krug gehalten wurde zur »Begrüßung von Pfarrer Khosa in Niederweimar am 17. Februar 1980«, blieb mir unvergeßlich:

»Ich darf noch einmal die Sonntagsepistel aufnehmen und deren ersten Vers noch einmal bedenken. 1. Korinther 13, 1: ›Wenn ich mit Menschen- und mit Engelszungen redete und hätte der Liebe nicht, so wäre ich ein tönend Erz oder eine klingende Schelle.‹

Liebe Frau Khosa, lieber Bruder Khosa!

Es ist mir eine ganz große Freude, Ihnen und Ihren beiden Kindern heute hier für den Kirchenkreis Marburg einen herzlichen Willkommensgruß zurufen zu können. Wir freuen uns, daß Sie jetzt hier sind. Im August des vorigen Jahres haben wir uns noch mit Bischof Rapoo hier in diesem Haus den Kopf zerbrochen, wie wir Sie aus der Transvaal-Provinz herüberholen können nach Deutschland und nach Kurhessen und ins Marburger Land und nach Niederweimar. Und vor sieben Monaten sah es nicht gut aus. Bischof Rapoo sagte uns: Wir brauchen unsere Pfarrer auch, und die guten brauchen wir erst recht. Und er zitierte diese Worte, die ich Ihnen gelesen habe: ›Und wenn ich mit Menschen- und Engelszungen redete...‹

Das bedeutet: Wenn es euch ernst ist, wie es der Liebe ernst ist, werdet ihr die Schwierigkeiten überwinden können. Uns war es ernst.

Aber die heutige Sonntagsepistel berührt mich noch ganz anders.

Ich will die Anfangssätze anders sagen: Ob ich nun auf die Pauke haue oder ob ich's mit dem Mikrophon und mit dem Lautsprecher mache oder ob ich's mit dem Gong mache ... was mache? Nun, ›redete‹, sagt Paulus. Was redete? Welche Rede meint Paulus? Antwort: Er meint die Rede von Gott. Also: Ob ich nun im tiefen Ton oder lautstark predige – ohne Liebe bleibt alles leer und bestenfalls Wort- und Krachmacherei.

1. Korinther 13 ist ein beliebter Hochzeitstext bis zum Schlußvers: ›Nun aber bleibt Glaube, Hoffnung, Liebe, diese drei, aber die Liebe ist die größte unter ihnen.‹ Ich muß aber sagen: 1. Korinther 13 ist kein Hochzeitstext. Dieses Kapitel ist eine Dienstanweisung für Missionare. Paulus sagt: ›Wer missionieren will, der muß lieben.‹ So einfach ist die Sache der Mission. Und so schwer!

Wir begrüßen Sie, lieber Andreas Khosa, als Missionar bei uns. Seit einem Jahr gibt es einen kleinen Streit bei uns unter den Theologen: Ob Deutschland ein Missionsland sei oder nicht! Ob es ein missionarisches Jahr nötig hat oder nicht. Der Streit ist entbrannt, weil man vergessen hat, daß Mission eine Sache der Liebe Gottes zu uns Menschen ist. Sie ist keine Zumutung. Sie ist ein Geschenk.

Und so empfangen wir Sie, lieber Andreas Khosa, als einen Botschafter der Liebe Gottes bei uns. So wie vor beinahe 200 Jahren die ersten Missionare in Ihr Land kamen und begannen, im Namen Gottes die Menschen zu lieben und Ihre Sprache zu lernen! Dies ist für uns ein besonderer und großer Tag.«

Eins will ich noch sagen: Die Gemeinde Niederweimar mit ihren Filial-Gemeinden Cyriaxweimar und Gisselberg war schon auf uns vorbereitet. Die Bereitschaft, uns zu empfangen, war schon tief in die Herzen dieser Christen eingebettet, zum Beispiel bei den Familien Kraft und Naumann aus Gisselberg und Häuser... und vielen anderen Christen. Deshalb wurde uns unser Aufenthalt sehr leicht gemacht. Die Beziehung war schon da.

Parzellierte Gemeinde

Ich möchte über die Gemeinden generell in Deutschland als Erinnerung, aber auch, um einen Dialog zu schaffen, ein wenig erzählen. Es war manchmal enttäuschend, in einigen Gemeinden zu erfahren, wie die Beteiligung am Gottesdienst zurückgegangen ist. Mir kam die Frage: Wovon lebt die Gemeinde überhaupt? Oder wie erlebe ich in Deutschland meine Kirche? Es ist schwer, darauf eine klare Antwort zu finden. Es gibt Schwierigkeiten zwischen Alten und Jungen. Im Dorf ist die Kirche wohl für die Alten da, für die zwischen Fünfzig- und Achtzigjährigen.

Die Trennung der Hauptgottesdienste in Gottesdienste für Kinder und Erwachsene ist für mich ein Problem. Man hört überall, Kinder stören im Gottesdienst. Wo aber sollen die Kinder etwas vom Gottesdienst gelernt haben, wenn sie konfirmiert werden? Ein Sotho-Sprichwort lautet: »Das Pfeifen im Alter zu lernen, verdreht den Mund.« Oder bei Ihnen: »Man muß das Eisen schmieden, solange es heiß ist.« Ich verstehe Gottesdienst als ein Fest für alle. Wenn der Geist Gottes da ist, gibt es keinen Lärm und keine Störung. Das Weinen der Kinder im Gottesdienst oder das Hinundherrennen der Kinder ist ein Teil des Gottesdienstes; sie werden eines Tages lernen, still zu werden.

Ein junges Ehepaar etwa erlebt die Kirche/Gemeinde bei dem Taufgespräch mit dem Pfarrer. Der Taufgottesdienst wird sehr schön gestaltet; es gibt andere Gemeinden, die ihre Säuglinge nachmittags außerhalb des Hauptgottesdienstes taufen. Wenn es innerhalb des Gottesdienstes geschieht, gehen die Eltern nach Hause, ehe der Gottesdienst zu Ende ist. Sie sind zu ungeduldig, um bis zum Ende zu bleiben; die Hauptsache ist, sie haben ihr Kind getauft. Nach der Taufe nehmen die Eltern Urlaub von der Kirche und von der Gemeinschaft der Heiligen. Wenn sie Lust haben, zur Kirche zu gehen, dann nur am Heiligen Abend.

Manche Eltern bemühen sich, ihre Kinder christlich zu erziehen: Sie schicken sie in den Kindergottesdienst. Viele Eltern, und besonders Frauen, die der Kern der Gemeinde sind, verzichten wegen der Kinder darauf, sich in der Kirche zu beteiligen. Sie bleiben für einige Jahre zu Hause, bis das Kind zur Schule geschickt wird, weil es in diesen Jahren stören würde, das Kind in die Kirche mitzunehmen. So fängt nun die Entfremdung gegenüber dem Leben der Kirche an. Wahrscheinlich wird man wieder einmal zur Kirche finden, wenn das zweite Kind da ist.

Wenn man also der Gemeinde und Kirche fern bleibt, nur weil das Kind nicht mit in den Gottesdienst kann, fängt die Entfremdung in der Gemeinschaft der Heiligen an. Während des Taufgesprächs und der Taufe versprechen die Eltern wie die Taufpaten, daß sie ihr Kind christlich erziehen. Wie aber können sie das, wenn sie der Kirche fernbleiben?

Frage an die Eltern und Paten: »Ihr wollt, daß euer Kind getauft wird. Damit übernehmt ihr die Aufgabe, euer Kind im christlichen Glauben zu erziehen und ihm durch Wort und Beispiel zu helfen, Gott und die Menschen zu lieben. So frage ich euch Eltern und Paten: Seid ihr dazu bereit?«

Eltern und Paten: »Ja.«

So leicht scheint es zu sein! Ich glaube, etwas anderes muß getan werden; die Antwort gefällt mir nicht. Diese Gewohnheit gibt es auch häufig in unseren Gemeinden in Südafrika. Oder die Rolle von Paten: Sie freuen sich, wenn sie am Tauftag Kuchen essen; danach ist alles vorbei! Was die Paten betrifft – ihre Rolle ist nicht einfach zu verstehen. Manche versuchen, ihrem Patenkind im Leben beizustehen und es zu begleiten. Für andere ist es nur eine formale Sache. Ich habe zu Hause einmal erlebt, daß ein Mann in einem Jahr zehn Patenkinder hatte. Wie kannst du die Verantwortung für zehn Kinder tragen? Selbst deine Kinder sind viel zu viele!

Wir sollten Wege finden, um die Amtshandlungen ernst nehmen zu können. Laßt uns gemeinsam das Reich Gottes aufbauen! Die Paten sind nach meiner Vorstellung Vertreter Gottes, und sie helfen den leiblichen Eltern, die Kinder zu Gott zu bringen. Ich sage: Wenn einer von den Getauf-

ten verlorengeht, dann wird ihr Blut und Leben von den Paten verlangt werden.
Die zwei Fragen am Anfang der Bibel betreffen uns auch heute noch, wo Gott uns selbst fragt: Du, Andreas, wo bist du? Du, Andreas, wo ist dein Bruder, dein Kind, wo sind die anderen Kinder der Welt?
Nun, wie erlebe ich die Kirche und Gemeinde Jesu? Ich habe erfahren und beobachtet, daß ich meiner Kirche durch Familiengottesdienst, Kindergottesdienst, Konfirmation, Hochzeit und Beerdigung begegnet bin, aber sonst nicht. Ich habe das Gefühl, die Gemeinde wird von Aktion zu Aktion geschoben, von Information zu Information, aber was sonst?
Manche Gemeinden in anderen Teilen Deutschlands werden hin- und hergerissen, insbesondere wo die Gemeinde oder der Pfarrer politisch aktiv beispielsweise an den Problemen der Dritten Welt teilnehmen wollen. Viele machen die Probleme der Dritten Welt – als ob sie selbst keine Probleme hätten – zum Kern des Evangeliums. Ich sage nicht, daß eine solche Überzeugung nicht ein Teil des christlichen Lebens sein kann; doch es gibt etwas, das die Mitte ist: Die Mitte unserer Gemeinschaft ist Jesus selbst, ist das Kreuz. Auch wenn man Gutes an den Menschen tut – es wird ohne die Mitte immer falsch. Wieviel Hilfe wurde für die Menschen in Äthiopien oder anderswo geleistet? Doch die Menschen sterben weiter! Beten wir für solche Menschen, können wir mit ihnen unsere Sorgen und Probleme teilen? Oder geben wir nur, weil wir reich sind? Sind wir auch geistlich reich?

Wo bleibt die Gemeinde bei den normalen sonntäglichen Gottesdiensten? Die Gemeinden von heute – freilich nicht alle – sind sehr hektisch, und die Menschen, die dorthin gehen, sind ebenfalls hektisch geworden. Zeit ist Geld, Zeit ist knapp geworden (time is tight – time is money). Die Zeit ist für manche teuer geworden; was bleibt, ist ein Versuch, der Zeit nachzurennen; am Ende machen wir uns kaputt, aber die Zeit bleibt. Manche haben eine Uhr, aber keine Zeit... Ich habe sehr oft beim Gottesdienst erlebt, daß, wenn ich die Zeit überschreite beim Predigen, die Menschen anfangen, unruhig zu werden. Mehr als eine Stunde Gottesdienst ist einfach nicht vorstellbar. Ja, vielleicht, wenn Bier, Kuchen oder Kaffee angeboten wird, dann kann man noch verweilen, sonst aber geht alles sehr schnell, und jeder geht seiner Wege.

Doch wenn wir im Dorf Kirmes haben, ein Fest des Volkes, ist es anders. Übrigens ist Kirmes eigentlich »Kirchmesse« und bedeutet ursprünglich den »Geburtstag« der betreffenden Kirche; aber das ist heute vergessen oder hat einen weltlichen Charakter bekommen. Auf der Kirmes haben wir Zeit, wir feiern, essen und trinken bis in den frühen Morgen, weil es uns Spaß macht.

In der Kirchengemeinde ist man nicht aktiv und hat dafür auch keine Zeit. Während der Woche haben die Menschen Zeit für sich. Aber es ist wichtig, auch am Sonntag ein paar Stunden still zu werden, nicht nur um Gott zu loben oder um zu beten, sondern auch um über das eigene Leben nachzudenken vor Gott. Wann und wo haben die Menschen von heute Zeit, sich mit sich selbst zu konfrontieren, sich selbst zu sehen und zu fühlen? Arbeit,

Vergnügen, Freizeit in Menge, Technik umzingeln uns; wir sind Gefangene in unserer Umgebung. Als Christ kann ich mich für ein paar Stunden im Gottesdienst wieder finden, neues Leben empfangen. Ruhe mit mir selbst wird wirklich, wenn ich wie Maria zu den Füßen Jesu sitzen bleibe. Hier wird mein Leben Bedeutung und Sinn finden.

Spannungslos

Für manch einen ist Gottesdienst eigentlich gestorben. Man merkt es am Verhalten der Gottesdienstbesucher am Sonntag. Meine Beobachtung ist, daß die meisten ganz hinten sitzen, ganz weit weg vom Altar. Der Pfarrer sitzt allein in der ersten Reihe. Was bedeutet das für mich? Es gibt da einen Grund: Menschen haben zwar Lust, ihr Leben zu ändern und es Gott zu übergeben; sie kommen aber mit halbem Herzen. Sie ringen darum, in ihren Herzen Gott zu vertrauen und sich zu ihm hinzuwenden; doch die Welt, in der sie leben, ist schön und hat vieles anzubieten. Auch der Satan hat viel anzubieten, was wir für wertvoll halten. Gottesdienst – nein danke; Diskothek – ja bitte. In der Welt tut jeder, was ihm gefällt, in der Kirche gibt es eine »one-man-show«, die etwa 500 Jahre alt ist. Auf der anderen Seite verändern sich die Welt, die Musik, die Mode ziemlich schnell. In der Kirche hingegen singen wir noch Lieder aus der Zeit von Martin Luther, und die sind sehr schwer zu singen. Man spürt die Gemeinschaft nicht, wir sitzen zwar nebeneinander, doch wir sind uns fremd. Nach dem Gottesdienst verschwinden alle aus der Kirche wie Wasser im Sand.

Ich weiß nicht, vielleicht bin ich verwöhnt von unseren Gottesdiensten in Afrika, wo das Singen und Predigen anders als in Europa verläuft. Wahrscheinlich ist es die Kultur, die uns dazu bringt, uns so zu verhalten. Aber wie machten es die sogenannten Sektenkirchen Europas, die theologisch oft nicht gesund, dafür aber lebendig sind?

Spannungsvoll

Es gibt oft innerhalb der Gemeinde Gruppen, die gegeneinander arbeiten. Sie verstehen sich nicht. Das kenne ich auch von unseren Gemeinden in Afrika, obwohl es selten ist. Genauso verhält es sich oft mit benachbarten Kirchspielen, wo man die Aktivitäten der Nachbargemeinde nicht versteht oder nichts davon wissen will. Ich bin der Meinung, daß die Verhältnisse innerhalb der Gemeinden verbessert werden sollen.
Mittelpunkt und Ziel der Gruppen (Jugendgruppe, Posaunenchor usw.), die sich in der Woche treffen, sollte der Gottesdienst am Sonntag sein. Alle Gruppen, die sich an einem Wochentag treffen, sollen ihre Gedanken auf den Gottesdienst am Sonntag richten. Sie sollen den Gottesdienst als ihre Mitte betrachten, genauso wie Jesus die Mitte der Gruppe und die Mitte des Gottesdienstes ist. Wie kann ich mich in der Woche in meinem Kreis evangelisch oder christlich nennen, wenn ich mich am Sonntag nicht am Gottesdienst beteilige? Wie kann ich Kirchenchorsänger, Kirchenvorsteher, Mitglied einer Jugendgruppe sein, wenn ich nicht das Ziel, den Mittelpunkt habe, am Sonntag mit meinen Schwestern und Brüdern Gott zu loben

und meine Erfahrung, die ich in der Woche mache, mit ihnen zu teilen und so fruchtbar zu machen?
Es gab für mich noch ein anderes Problem, ein Strukturproblem, und das sind die sogenannten Filialgemeinden, wo nur vierzehntägig Gottesdienst gehalten wird. Ich frage mich: Wieso vierzehntägig? Glaubt man nur an die Predigten von Theologen, wo sind die Laien und Lektoren? Heißt das, daß ohne Pfarrer kein Gottesdienst möglich ist?
Ich hatte in Lydenburg mehr als vierzehn Filialgemeinden. Ich konnte nicht alle Filialgemeinden an einem Tag besuchen, auch nicht in einem Monat; manche Filialgemeinden habe ich nur einmal oder zweimal im Jahr besucht. Doch wenn ich auch nicht konnte, wurden doch jeden Sonntag die Gottesdienste gehalten. Dadurch wird eine Gemeinde lebendig. Das Wort Gottes soll durch jugendliche Männer und Frauen jeden Sonntag gepredigt werden. Apostelgeschichte 8 zeigt, daß für Gott die Rettung der Menschen wichtig ist; er will, daß den Menschen geholfen werde. Deshalb hat Jesus gesagt: »Gehet hin in alle Welt... und macht sie zu meinen Jüngern«, nicht nur durch die Taufe allein, sondern dadurch, daß sie das Wort Gottes verbreiten. Man wird dadurch neu und bereichert den Sinn des Lebens, daß man dem Wort Gottes in der Stille lauschen und es hören kann.

Strukturen

Ist es richtig, daß viele Kirchenvorsteher und Kirchenälteste sich nur mit Haushaltsplänen beschäftigen und darüber abstimmen, ohne über das Gemeindeleben nachzudenken? Der Kirchenvorstand soll zusammen mit dem Pfarrer den Fragen des Gemeindelebens nachgehen. In vielen Gemein-

den habe ich nur Jammern und Klagen gehört. Alle jammern, daß so wenige Menschen im Gottesdienst sind; doch über die Frage, warum es so ist, wollen sie nicht sprechen. Das ist aber ganz klar: Wenn der Gottesdienst nur alle vierzehn Tage stattfindet, dann besteht die Gefahr, daß die Menschen Gott und die Kirche vergessen oder langsam fernbleiben.
Ich glaube, darüber müßte geredet werden, denn im Moment gibt es in der Bundesrepublik eine große Entfremdung von der Kirche. Es hilft nicht, den »Leuten« die Schuld zuzuschieben; wir müssen uns selbst prüfen als Amtsträger.
Wir müssen lernen, unsere Ämter mit einfachen Menschen zu teilen. Viele Ämter sind so hoch; die Inhaber meinen, sie könnten sich nicht hinunterbücken zu den Leuten. Sie müßten aber verstehen, daß die Gemeinde aus einfachen Menschen besteht. Die Gemeinde hat viele Farben wie ein Regenbogen; es gibt Kinder, Erwachsene, Frauen und Männer, ausgebildete und nicht ausgebildete Menschen. Man kann und darf nicht einseitig sein. Der Reiche und der Arme, beide sollen in gleicher Weise das Evangelium empfangen. Was werden sie tun, wenn am Sonntag Intellektuelle und Nicht-Intellektuelle, Erwachsene und Kinder im Gottesdienst sind? Wird die Predigt nur für die Armen sein und nicht die anderen mit einschließen?

Theologie – was ist das?

Manche der Gottesdienste sind schlecht besucht; wer fragt aber ernstlich nach dem Warum? Dazu stellt sich die Frage nach Theologie und Evangelium. Für meinen Verstand ist Theologie sinnvoll, wenn sie die Theologie der Gemeinde bleibt. Die Theologie dient der Kirche, der Gemeinde. Deshalb muß die Theologie ohne Zweifel eine Gemeindetheologie sein, die man verstehen und in die Praxis umsetzen kann. Ferner sollen die Theologie und das Evangelium nicht getrennt sein. Theologie in ihrer wissenschaftlichen Aufgabe kann uns immer zeigen, ob wir mit der Zeit gehen oder nicht. Wir sollten sehr behutsam gehen; heute gibt es vielfältige Theologien, zum Beispiel feministische, Befreiungs- oder politische Theologie; dadurch kann sich zum Beispiel zeigen, ob sogenannte »Sub-Theologien« vom Evangelium bestimmt sind oder durch Ereignisse unserer heutigen Welt.

Einerseits soll das Evangelium rein bleiben. Ich meine, jahrhundertelang war das Evangelium – das von Jerusalem aus in die Antike eindrang, von England nach Deutschland gelangte durch Bonifatius, von Europa nach Afrika kam – ohne Zweifel auch vermischt mit unterschiedlichen Kulturen und Ideologien. Das ist heute noch überwiegend so.

Andererseits muß ich mich fragen: Was aber ist das Evangelium? Die übliche Antwort ist, daß es übersetzt »Gute Botschaft« heißt (Markus 1, 15; Römer 1, 16f.). Jesus ist die Gute Botschaft für die ganze Menschheit. Ich füge mit meinen eigenen Worten hinzu: Das Evangelium ist für mich die gute Erfahrung, die ich persönlich durch die Begegnung mit Jesus Christus gemacht habe. Es ist das Kommen Jesu in mein Leben. Es ist die Erfahrung mit seinem freundlichen Wort, das lebendig in mir ist, täglich, und mein Leben ständig erneuert. Es ist die Erfahrung, daß er mein leeres Leben mit Gnade und Liebe füllte.

Darum muß der Versuch gemacht werden, das Evangelium in verständlicher Sprache weiterzutragen. Sonst wird niemand hören und verstehen, und es wird zum Mythos

werden, ohne eine Auswirkung in Glauben und Leben zu haben.
In dieser Hinsicht soll die Theologie uns die Augen öffnen und das Evangelium lebendig machen als die Theologie der Kirche und nicht als eine Theologie für die Räume in der Theologischen Fakultät der Universität. Überspitzt gesagt: Die Theologie soll, wenn die Lage es erfordert, auch einfach bleiben können. Sie soll kompromißfähig sein, denn es gibt Menschen aus vielen Schichten in ihrem Dienst, und es wird diese verschiedenen Menschen dort immer geben. Die Theologie ist dazu da, den Menschen in den verschiedensten Lebenslagen zu dienen – nicht nur einer Gruppe von Menschen, sondern der ganzen bewohnten Welt. Sie hat eine Aufgabe an den Linken und dient ihnen. Sie dient auch den Rechten und denen in der Mitte; sie dient den Unterdrückern und den Unterdrückten. Deshalb soll die Theologie Geduld haben, wenn es auch schmerzt; und sie soll neutral bleiben. Denn ihre Aufgabe ist, die Menschen zu Gott zu führen. Die Theologie soll nicht für sich beanspruchen, der Richterstuhl Gottes zu sein; ihre Aufgabe ist es, zu warnen, zu trösten und die Versöhnung zu bringen. Das Ziel ist das Reich Gottes, das keine Apartheid kennt und keiner Partei gehört.
Wenn ich schon gesagt habe, die Theologie soll nicht nur vom Lehrstuhl her ausgeübt werden, dann ergibt sich die Frage: Wer von unseren lieben Professoren wagt es heute (vielleicht muß man fragen: Wer hat es früher gewagt?), auch über das alltägliche Leben zu sprechen oder vor der Vorlesung mit seinen Studenten zu beten? (Siehe Barths Lebenslauf, herausgegeben von Eberhard Busch!) Noch einmal: Die Theologie in der Universität soll lebendig sein und muß die Theologie der Gemeinde, der Menschen auf der Straße sein.

Genau die gleichen Forderungen ergeben sich etwa für die »Schwarze Theologie«. Dazu möchte ich ein Beispiel aus meiner Erfahrung mit der Schwarzen Theologie bringen. Dieser Zweig der Theologie steht, es ist klar, auf der Seite der Schwarzen, der Unterdrückten und Ausgebeuteten. Diese Theologie kann manchen in die Irre führen. Ist Gott nur auf der Seite der Armen, Ausgebeuteten? Gibt es eine Weiße Theologie, die Theologie der Unterdrücker? Man muß behutsam sein mit bestimmten Aussagen. Ich verstehe Schwarze Theologie als Aufruf schwarzer Menschen in Südafrika, als Aufschrei nach Gerechtigkeit, nicht als eine Theologie, die die anderen ausschließt.
Ich möchte mich aber nicht ausführlich mit dem Thema Theologie befassen, sondern ich möchte nur einen Denkanstoß geben und uns die Augen öffnen, damit wir in der Zukunft von der Lage unserer Gemeinde her mehr überlegen, was wir tun und was wir sagen sollen. Ich habe mich gefreut, bei Missionsfesten oder Gemeindetreffen zu sehen, wie junge Menschen und alte zusammen gefeiert und gebetet haben. Im Dorf ist da noch etwas los, was den Glauben betrifft. Diese Gemeinden müssen aufgebaut, ihnen müssen neue Impulse gegeben werden.

Fest im Himmel

Ich träume über das Thema Gottesdienst; dabei werde ich nie müde, ob ich in Deutschland bin oder in Afrika. Gottesdienst ist für mich die Mitte, ist ein Fest. Es genügt nicht, zu Hause allein zu beten, und es genügt nicht, einen Gottesdienst im Fernsehen zu erleben oder nur bei besonderen Gelegenheiten. Der einzelne Christ soll die Gottes-

dienste ernst nehmen und sie alle wahrnehmen genauso wie am Heiligen Abend.
Der Heilige Abend ist, wie ich festgestellt habe, etwas für die Familie, wo die Familie zusammen ist. Warum kann das nicht auch am gewöhnlichen Sonntag der Fall sein? Ich habe in der Gemeinde Niederweimar und in anderen Gemeinden in der Umgebung beobachtet, daß am Heiligen Abend viele Menschen kommen – die Pastoren klagen über überfüllte Kirchen an diesem Tag, sie klagen voller Freude; nicht alle Menschen, alle Kinder und Erwachsenen finden dann genug Platz in der Kirche. Die Stühle reichen nicht; viele kommen eine Stunde vorher, um Platz zu finden. Warum ist das nicht auch so beim normalen Gottesdienst?
Ich verstehe Gottesdienst als etwas, was wir alle brauchen: Gemeinschaft der vielfach Unterschiedenen. Die Bibel sagt es uns in 1. Mose 2, 18: »Und Gott der Herr sprach: Es ist nicht gut, daß der Mensch allein sei; ich will ihm eine Gehilfin machen, die um ihn sei«, oder vergleichen wir Prediger 4, 9–12! Ich finde, es wäre langweilig, wenn Gott nur rote Rosen geschaffen hätte, nur Männer oder nur Frauen; es wäre langweilig, wenn Gott nur eine Art Bäume geschaffen hätte. Wir sollen von der Natur lernen: Bunt ist die Erde, bunt ist die Menschheit. Ich bin nicht für mich in einer Ecke geschaffen, sondern ich bin da für andere. Was wäre, wenn du ganz allein in der ganzen Welt wärest? Es wäre stumm und langweilig. Die einmal im Knast gesessen haben, wissen, wie unendlich langweilig es ist, allein in einem dunklen Raum zu sein. Wir sind füreinander geschaffen, wir sind für die Gemeinschaft geschaffen.
Auch im Himmel gibt es keine Einzelgänger, sondern wir werden da in der Gemeinschaft leben (Jesaja 62; Lukas 2, 9–14; Offenbarung 7, 9f.). Es gibt viele Stellen in der Bibel,

wo die Gemeinschaft betont wird. Deshalb verstehe ich die Gottesdienste als Verbindung mit der himmlischen Schar. Wir feiern das himmlische Fest während unseres Aufenthalts in dieser Welt. In der Gemeinde als Repräsentantin der himmlischen Schar feiern wir das Fest der Gegenwart Gottes in der Verborgenheit. Deshalb sagen wir an jedem Sonntag: »Ich glaube an den Heiligen Geist, die heilige christliche Kirche, Gemeinschaft der Heiligen.« Die himmlische Schar wird durch die Einzelnen gemeinsam im Gottesdienst sichtbar. Es gibt genug Bücher und Artikel, die besagen: »Christentum ist keine Privatsache«, es ist für alle da.

Wir feiern im Gottesdienst unsere eigene Auferstehung, weil wir die Auferstehung Jesu im Auge haben. Wir feiern unsere eigene Hoffnung, weil Christus unsere Hoffnung ist. Wir feiern das Fest des Triumphes. Gemeinsam kommen wir vor das Antlitz Gottes mit Sorgen im Leben, mit Kummer und mit Freude. Einstimmig rufen wir zu Gott, daß er uns helfen möge und daß er bei uns bleibe und in unserem Leben wohne.

Die Jugend in Deutschland

Ich habe mir leider nicht viel Zeit genommen, um zu versuchen, die ganze Problematik der Jugend dort zu durchschauen. Ich wollte viel mehr tun; die Missionsgottesdienste für die Jugend einmal im Jahr sind nicht genug. Wir haben bei diesen Jugendgottesdiensten auch nicht über Probleme gesprochen, sondern über »pap en vleis« (Maisbrei und Fleisch, ein afrikanisches Gericht) und über afrikanische Gottesdienste mit Trommeln und Tanzen. Die afrikanische Speise haben die jungen Leute sehr genossen.

Auch das Treffen mit Jugendlichen in Hermannsburg und Schloß Baum in Bückeburg war nicht ausreichend, um die Probleme intensiv zu erkennen. Die Landjugend im Raum Marburg, in Österreich – all das hat mir nicht geholfen, in einen konkreten Dialog mit Jugendlichen über ihre Sorgen für die Gegenwart und über den Glauben einzutreten. Ich fühle mich in der Schuld gegenüber allen Jugendlichen, die viel mehr von mir erwartet haben; ich hätte ihnen viel mehr sagen müssen – entschuldigt bitte! Denn es gab eben nur einen Andreas Khosa mit nur einem Temperament.
Trotzdem habe ich die Probleme der Jugend sehr ernstgenommen. Ihre Ängste, insbesondere vor der Zukunft, und ihre Sorgen um Studium oder Arbeitsplatz waren meine Ängste und Sorgen. Meine Beobachtung war, daß viele Jugendliche Christen im Sinn des Wortes sind; sie nehmen ihren Glauben sehr ernst. Daher rührt auch ihr Bemühen, mit anderen in ihren Kreisen den Sinn des Lebens zu finden. Für sie alle gilt dasselbe wie von den Griechen, die das Leben durch ihre philosophischen Schulen erforscht und gesucht haben und die schließlich zu Jesus gegangen sind. Auch wir sollen es tun, weil bei Jesus der Sinn meines Lebens zu finden ist.
Viele Menschen, das schließt auch die Jugend ein, haben alles: Geld, Freundin, Auto, ein Dach über dem Kopf. Heißt das aber, sie haben auch das wahre Leben; besteht das Leben aus materiellen Dingen? Wieso nehmen sich viele Menschen in der ganzen Welt das Leben, hassen sich selbst, obwohl sie doch alles haben? Was fehlt uns noch? Was sagt Paulus in Römer 14? Das Leben besteht nicht aus Bier und Kleidung, sondern es beruht auf etwas, was für unsere Augen nicht sichtbar ist: Jesus ist das Leben; Jesus ist das, was mein Leben erfüllen kann. All diese Dinge wie

Geld sind nur Nebensache. Deshalb wollten die Griechen Jesus sehen (Johannes 12, 20–25). Jesus selbst hat nie ein Haus, eine Frau usw. gehabt; er lebte, er war die Mitte seines Lebens und der ganzen Menschheit. Er war kein Reicher, aber wenn es um das Leben ging, war Jesus nicht zu übertreffen. Die Pilger aus Griechenland waren die einzigen, die erkannt haben, daß bei Jesus reales, erfülltes Leben ist. Bei ihm ist Anfang und Ende meines Lebens. Mein Leben fängt nicht bei meiner Mutter an, sondern bei ihm; auch endet mein Leben nicht am Grab, sondern bei ihm, dem Quell des Lebens.
Die Jugendlichen in Deutschland wollen ein sinnvolles Leben – genauso wie die Jugendlichen in Südafrika. Gott fragt: Wer wird für mich gehen (Jesaja 6, 7 und 8), die Jugend zu leiten und zu begleiten auf ihrem Weg? Sie sind die zukünftige Gemeinde und suchen den Weg zu Versöhnung und Frieden. Wer versteht die Jugend heute? Haben die Jugendlichen Platz in unseren Gemeinden und der Kirche? Hören wir die Schreie unserer Jugend und ihr Sehnen nach dem realen Leben? Wo findet unsere Jugend Trost und Ruhe in der Gemeinde? All diese Fragen machten mich ziemlich ratlos, und ich wußte nicht, wie ich da helfen sollte. Der Trost für mich lag in dieser Geschichte von den Pilgern aus Griechenland.

Gebet und Aktion

Was ich den Eltern und Pfarrern zu sagen hätte und den Christen allgemein, ist: Ich sah die Jugend, auch in Afrika oder anderswo, konfrontiert mit der Frage der Arbeitslosigkeit. In dieser Frage ist unsere Jugend überfordert worden. Viele studieren oder lernen einen Beruf, um danach arbeitslos zu sein. Sie resignieren; manche, die den Weg nicht allein finden, machen sich kaputt und krank durch Drogen und andere sinnlose Dinge. Wollen wir wirklich eine zukünftige Krankengemeinde und Krankenkirche?

Nein – in doppelter Hinsicht sollen wir als Kirche einen Weg finden, dem zerbrochenen Leben zu helfen, Menschen herauszuhelfen aus ihrer Resignation. Deshalb ist Jesus zu den Leidenden gegangen und hat sie angesprochen. Er war da für solche Menschen, er hat Kranke geheilt, Arme gespeist. Wenn die Seele krank ist, wird auch alles andere krank. Beten, was nützt das? Ja, es hilft. Trotzdem reicht es nicht, nur zu beten; ich kann nicht jemanden vertrösten und sagen, es wird schon Arbeit für dich geben. Wissen wir nicht, daß die Zeit schnell vergeht? Beten heißt nicht, nur Worte auszusprechen und zu meinen, beim Beten wird alles vom Himmel fallen. Sondern Beten zeigt Folgen im Leben, es ist dann verbunden mit Aktion, Bewegung und Hilfe. Was ich bete, soll sich in Taten zeigen.

Viele Jugendliche leiden unter Leistungsdruck. Alles soll genau gemacht werden; Genauigkeit wie bei Erwachsenen wird von ihnen verlangt. Sie besitzen schon die »zweite Bibel«, den Terminkalender. Alles ist vorprogrammiert, sie leben wie Computer. Ohne Terminkalender geht es nicht. Wann kann die Jugend Jugend sein?

Heute gibt es vieles in der Welt, was »Klub« genannt wird oder »Diskothek«. Es ist nicht so schlimm wie Haschisch oder Marihuana. Aber ich denke, Diskotheken bieten keine Lösungen für die Probleme der Jugendlichen; sie brauchen etwas Sinnvolles in ihrem Leben. Sie brauchen ein Leben, was die Jugend lebenswert macht, damit sie die Jugendzeit genießen können.

In diesem Zusammenhang habe ich immer eine Frage gehabt, auf die ich leider nie konkrete Antwort bekommen habe: Warum sind auf dem Kirchentag so enorm viele Jugendliche anzutreffen? Ist der Kirchentag besser als die Gemeinde am Sonntag? Wir alle, die betroffen sind, sollten erkennen, daß die Jugend mit ihren Unsicherheiten und Zukunftsängsten die Gemeinde von morgen ist. Wir müssen einiges neu hinzulernen. Diese Jugend, die heute das Gefühl der Verlassenheit hat, wird einmal Kirchenvorsteher, Bischof, Lehrer, Politiker – auch Kanzler – sein. Wenn sie jetzt keinen Platz in der Gesellschaft und in der Kirche findet, wann soll sie dann lernen, daß sie heute schon Verantwortung trägt und nicht erst morgen?

Mein Vorschlag wäre: Laßt uns also die Kinder mit in die Kirche bringen. Laßt unsere Gottesdienste Familiengottesdienste werden. Denn wann und wo soll das Kind sonst lernen, daß es eine Kirche, einen Gottesdienst gibt?

Welt-Mission

Es gibt eine neue Redewendung vor allem von Austauschpfarrern aus Übersee; sie heißt: »Mission in Deutschland ist Kaffee und Kuchen.« Das kann ich nicht so banal übernehmen. Ich glaube, Mission lebt in Deutschland, weil es ein Missionsgebiet ist. Man sieht es auch beim Treffen in Hermannsburg und bei anderen Missionswerken wie dem Ev. Missionswerk in Südwestdeutschland oder bei der Vereinigten Evangelischen Mission Wuppertal usw.

Ich erinnere mich an ein Missionsfest in Hermannsburg, wo es schrecklich geregnet hat, es war fürchterlich windig, doch Tausende aus allen Ecken, von Hessen, aus dem Elsaß und aus Ostfriesland, waren gekommen. Es war bitter kalt, doch die Herzen der Menschen, die da waren, blieben warm für die Sache der Mission. Sie hörten Predigten und Berichte im Regen. Das war für mich ein Zeichen, daß die Mission lebt.

Mission ist die Sendung Gottes zu allen Menschen. Gott sandte seinen Sohn zu uns, und der Sohn sandte den Heiligen Geist, die Apostel; er sendet heute jeden von uns. Mission bedeutet: Gott will die Menschen erreichen, er ist unterwegs zu ihnen.

Die Eile Gottes, Menschen zu erreichen und zu retten, wird deutlich gezeigt, wenn Gott uns heute als Boten sendet. Wir sind gesandt, Grenzen zu überschreiten, nicht nur Grenzen zwischen Kulturen, Sprachen und Kirchen usw., sondern Grenzen zwischen dem christlichen Glauben und dem Unglauben. Wir haben unsere Botschaft weiterzutragen, zu übersetzen, durch Wort- und Tat-Zeugnis begreifbar zu machen; das ist die missionarische Aufgabe schlechthin. Dies bleiben wir der Welt und allen Menschen schuldig, auch denen der eigenen Umgebung. Wir sind schlechthin Übersetzer des Glaubens.

Mission zwischen Deutschland und Südafrika insbesondere hilft uns bei unserer Vergangenheitsbewältigung. Es ist viel darüber bekannt, was in der Kolonialzeit geschah in Richtung Mission. Mission war damals Einbahnverkehr; die Mission war eine europäische Initiative mit dem Ziel, die sogenannte Dritte Welt und ihre Völker, falls es sie überhaupt gibt, zu bekehren. Diese Art des Denkens setzt die Vorstellung voraus (und unterstützt sie immer noch), daß Mission darin bestünde, die gute Botschaft von Jesus Christus den Menschen in Übersee zu bringen.

Diese Vorstellung von Mission ist für mich unannehmbar. Mission ist ein umfassender Vorgang, Ausdruck der vorbehaltlosen Bereitschaft der Kirche, in der Welt zu sein und ihr zu dienen. Sie ist von Anfang bis Ende eine Frage des Zeugnisses für die Welt. Mission ist Anwendung und Ausdruck des Gottesreiches, in aller Welt, also auch in Deutschland. Also ist Mission weder Einbahnnoch Zweibahnverkehr; sie ist Vielfachverkehr. Sie ist ein ständiger Prozeß. Damit ist sie auch keine Sackgasse. Sie ist fast so etwas wie die Kunst, die empfangene Botschaft weiterzugeben, sie mit der ganzen bewohnten Welt zu teilen.

Viele Kirchen und Missionsgesellschaften begehen den Fehler zu denken, daß die Kirche und die Mission eine sehr wohl trennbare Einheit bilden. Sie gehen nicht davon aus, daß die Kirche durch die Mission lebt. Mission gehört in die Kirche, denn die Königsherrschaft Gottes wartet darauf, den Gefangenen verkündigt zu werden, denen, die von Kriegen und Ungerechtigkeit bedrängt und bedroht sind. Die Kirche öffnet Türen, indem sie das Evangelium durch ihre Mission vermittelt, das heißt die Botschaft von der Befreiung der Gefangenen.

Unterwegs zu den Menschen

Es genügt nicht, daß Kirche und Mission »Händchen halten«. Sie sollten eins sein und einig. Mission ist daher das Mittel, Kirche zu sein auf dem Wege in die Welt. Das bedeutet schlicht und einfach, daß eine Kirche, sofern sie missionarisch ist, Gott behilflich ist, sich in die Welt zu begeben; daß eine Kirche, die Mission betreibt, Gottes Absichten unterstützt, ein Gott für alle Menschen zu sein, seien sie schwarz, weiß oder gelb.

Die christliche Botschaft existiert nur als Botschaft auf dem Wege zu den Menschen. Das Unterwegssein des Evangeliums zu den Menschen ist das, was wir die Kirche nennen. Die wahre Aufgabe der Kirche besteht darin, Grenzen zu überschreiten, nicht Grenzen aufzurichten. Unterwegs zu sein und zu den Menschen zu gehen, sind notwendige Voraussetzungen und zugleich das Ziel der Kirchen. Im Wörterbuch des Christen bedeuten Mission, Evangelisation: »Exit«, Ausgang. Der Missionar muß sein Vaterland nicht nur im leiblichen Sinn verlassen. Er hat sich ständig vor zwei Gefahren zu hüten: vor der Neigung, am Rande der Straße Zuflucht im Heiligtum zu suchen, und vor der Neigung zu vergessen, daß eine Pilgerreise ihren Sinn vom Ziel her empfängt. Die Kirche, die unterwegs zu den Menschen ist, lebt für andere. Eine Pilgerkirche dieser Art ist per definitionem an anderen interessiert, nicht an sich selbst. Die Kirche ist in ihrem missionarischen Handeln weder Ausgangspunkt noch Mittelpunkt noch Endziel. Die Kirche existiert nicht um ihrer selbst willen, sondern um der Welt willen, denn »also hat Gott die Welt geliebt«.

Darum muß die Kirche – wie in der Vergangenheit, so auch weiterhin – ständig aufs neue lernen, was es zum Beispiel in der Praxis für sie bedeutet, Pilger zu sein, eine Gemeinschaft des Exodus; unterwegs zu sein wie das kleine Häuflein der Israeliten, auf schwierigem Gelände, abhängig von der täglichen Führung und Fürsorge ihres Gottes! Ob fromme, schwache oder zögernde Menschen – wesentlich ist, daß es Menschen auf dem Weg sind, staubbedeckt, aber fröhlich im Herrn.

Lassen Sie mich noch einmal daran erinnern, daß der Begriff Mission, wie eingangs erwähnt, in einem doppelten Sinne gebraucht wird, kirchlich und politisch. Die Kirche sendet Missionare, der Staat sendet Diplomaten und Botschafter. Letztere erhalten von ihrer Regierung Akkreditierungsschreiben für das Land, in dem sie tätig sein sollen. In der Kirche ist es ähnlich – Gott erteilt Männern, Frauen, Jungen und Alten eine Aufgabe oder einen Auftrag, nämlich: Seine Botschaft allen bekanntzumachen. Darum ist Mission auch ein lebendiger Ausdruck unseres christlichen Glaubens. Es ist ein Leben, das sich auslebt im täglichen neuen Ausdruck des Glaubens. Es ist die Kunst, den christlichen Glauben durchs Leben zu bezeugen. Und dies gilt für alle Christen, ob in Europa oder in meiner Heimat Südafrika.

Mission ist daher der Name für den Botschafter – Rang des Christen, wo immer er oder sie sich befindet. Diese Berufung beziehungsweise Sendung hat zwei Seiten, eine spezielle und eine allgemeine. Im Bereich der Mission gibt es spezielle Berufungen für einzelne Personen, entweder von Kirche zu Kirche, von Gemeinde zu Gemeinde oder gegebenenfalls durch ein Missionswerk. Botschafter sein heißt hinausgehen, aber es bedeutet vor allem, die üblichen Grenzen zu überschreiten, ohne Beschränkungen zu arbeiten, sich frei zu fühlen, das Nötige zu tun. In diesem Sinne ist der Christ beweglich, nicht aber ohne feste Form. Er geht neue Wege, aber er wahrt seine Identität.

Ich bedaure – das sollte die Schlußbemerkung zur Mission in diesem Land sein –, daß Mission nicht deutlich und sichtbar ist oder wird. Hier hat sie zu viel mit Akten und Papieren zu tun. Mission sollte nicht mit Buchstaben zu tun haben, sondern mit Menschen und dem Wort Gottes

und dem Herzen. Mission ist die Sache der Gemeinde. Wenn eine Gemeinde lebendig sein soll, dann muß sie Mission betreiben. Wie sieht das aus?
In vielen Gemeinden ist Besuchsdienst nicht mehr häufig; er geht gewissermaßen nur durch den Draht, ich meine das Telefon. Es ist bedauerlich, wenn wir auf Menschen warten, daß sie zu uns kommen, anstatt daß wir sie besuchen. Sie warten auf uns. Auch die Gemeindeglieder sollen ihre Türen öffnen für den Kirchenvorstand oder den Pfarrer. Die Mission Gottes braucht persönliche Kontakte. Ich fand das Telefonieren und die Einladung durch Briefe unmenschlich. Ich kann nur meine Dienste wahrnehmen, wenn ich Kontakt zu meinen Leuten habe. Unterwegs zu sein, ist der Kern unseres Dienstes (Matthäus 28,19).
Mission ist eine Art von Vision. Diese Vision zielt darauf, die visionären Ziele und Vorstellungen der Kirche zu verwirklichen, die darin bestehen, Kirche oder Gemeinde zu schaffen und zu erhalten. Im Zuge der Verwirklichung dieser visionären Ziele entsteht in anderen Menschen der Glaube an Jesus Christus, von dem sie zuvor gehört haben mögen, ohne ihn wirklich zu kennen. In diesem Sinne ist die Kirche ein Zeuge gegenüber anderen Menschen, im eigenen Land nicht weniger als woanders.

Partnerschaft – ein schweres Geschäft

Ein anderes heißes Thema während meiner Tätigkeit in Deutschland war: Partnerschaft in der Mission. Unsere Augen, die meiner Familie und meine, wurden durch die Erfahrungen in der Bundesrepublik für das Thema Partnerschaft weiter geöffnet. Das hat auch meinen Dienst hier in Afrika erleichtert. Heute weiß ich, was hier Partnerschaft bei vielen bedeutet und wie unterschiedlich die Auffassungen darüber in Südafrika und in Deutschland aussehen. Vieles, was ich gesagt und wovor ich gewarnt habe, kommt immer wieder vor, besonders in Deutschland.

Trotzdem – Partnerschaft zwischen Kirchen und Gemeinden in Deutschland und Südafrika ist mehr denn je notwendig. Ja, ich denke anders als vor sechs Jahren. Ich verstehe die Menschen in Deutschland ein bißchen besser als vorher. Ich hoffe auch, daß Kollegen und Mitarbeiter mich besser verstehen. Ich habe gelernt, daß ich als Afrikaner, als Christ und Pfarrer, viel mehr aber als Mensch, andere brauche. Gemeinsam können wir die Probleme und Sorgen der Menschen besser bewältigen. Ich brauche die anderen ganz dringend, und sie brauchen mich. Partnerschaft soll uns helfen, den anderen zu verstehen und ihn anzunehmen, wie er ist. Innerhalb ihrer Beziehungen versuchen beide Partner, ihr christliches Leben und Zeugnis zu teilen.

Diese Beziehung ist wesentlich für Partnerschaft. Deshalb meine Frage: Was bedeutet Partnerschaft im Bereich der Mission? Theologen und Kirche laufen zuweilen Gefahr, sich bestimmter profaner oder politischer Begriffe zu bedienen, die in Wirklichkeit nicht passen oder in die Irre führen. Partnerschaft ist solch ein Begriff. Was verstehen wir darunter, was ist damit gemeint?

Das Wort entstammt dem englischen Sprachschatz. Im Englischen bezeichnet es schlichtweg einen Teilhaber, einen Geschäftspartner, jemanden, mit dem man gemeinsam ein Geschäft betreibt, oder einen, der beim Spiel zur gleichen Partei gehört. Ein Partner ist der, mit dem man zum Tanzen oder Essen geht. Partnerschaft als rechtliche Konstruktion beschreibt einen Vertrag zwischen Personen, die sich am gleichen Geschäft beteiligen. Das Ziel oder das Interesse von Herrn Y und Herrn X in ihrer Partnerschaft liegt im Gewinn, im Geschäft als solchem. Herr Y hat kein persönliches Interesse an Herrn X. Der Mensch ist nicht wichtig, wichtig ist allein das Geschäftliche.

Partnerschaft bringt Verständnis, aber auch zahlreiche Probleme mit sich. Wir im südlichen Afrika haben vielleicht zu viele Missionare gehabt, um der einheimischen Kirche eine Chance zu geben, sich selbständig zu entwickeln. Leider haben die Missionare die Menschen niemals gelehrt, selbständig zu werden. Gemeinden und Pfarrer waren abhängig von der Mission. Die Schnelligkeit, mit der später viele Missionare gingen, schuf deshalb nicht bloß Probleme, sie verursachte ein Chaos. Als die Missionare beschlossen, sich zurückzuziehen, machten einige von ihnen gewisse Versprechungen nach dem Motto »Macht euch keine Sorgen, wir helfen euch auch weiterhin, wenn auch nicht im bisherigen Umfang«. Was folgte und sehr bald große Mode wurde, war der Dialog, der Austausch von Briefen, Berichten, und das galt als Eröffnung der Partnerschaft. Einige findige Gemeinden fingen an, für ein bestimmtes Projekt nach Partnerschaft Ausschau zu halten, und fanden sie auch irgendwo, in Berlin, Hannover, Kurhessen-Waldeck. Nachdem ihr Projekt, etwa eine Kirche, gebaut war, war auch die Partnerschaft zu Ende. Dann brauchten sie ein Pfarrhaus. Also gingen sie wieder auf Partnersuche, fanden einen, und das Pfarrhaus war bald gebaut. Großartige Sache, so eine Partnerschaft, ein Geschäft! Können wir miteinander so umgehen als Christen?

Ich selbst bin der Meinung, daß Partnerschaft anders zu verstehen ist. Für mich wäre Partnerschaft eine neue Öffnung der Kirche, der Gemeinde und des einzelnen zur ganzen Welt hin. Da die Kirchen in der weiten Welt an den einen Gott glauben und den einen Herrn bekennen, verbietet sich ein Leben in Isolation. Der Glaube an den einen Vater, den einen Sohn und den einen Geist stellt alle Christen, ob sie nun in der Minderheit oder in der Mehrheit sind, vor ein gemeinsames Problem und ein gemeinsames Ziel: gemeinsam für gegenseitige Anerkennung und für Frieden einzutreten, gemeinsam Unrecht und Böses zu bekämpfen, gemeinsam die Not in der Welt zu überwinden. Deswegen ist Partnerschaft nicht bloß erwünscht, sie ist eine Notwendigkeit für die Christen in Europa, Asien, Lateinamerika und Afrika. Das Ziel unserer Partnerschaft besteht in der Wahrung unserer Bezogenheit auf Christus, der Einheit, der Heiligkeit, der Katholizität und Apostolizität der Kirche.

Partnerschaft beginnt unter dem Kreuz

Hiermit versuche ich die biblische Begründung der Partnerschaft: Partnerschaft unter dem Kreuz Christi. Partnerschaft, wenn sie lebendig sein soll, muß unter dem Kreuz Christi beginnen. Das Kreuz Jesu auf Golgatha ist der Beginn der neuen Gemeinschaft, der »koinonia«. Das Sterben Jesu versöhnt alle Menschen auf der Welt, macht sie zu Kindern Gottes, zu einer Familie. In der ganzen Welt ist unser christliches Leben davon abhängig. Ohne das Leiden Jesu, sein Sterben, gibt es keine Gemeinschaft, keine Kirche, keine Mission. Christus ist durch sein Sterben der Gründer des neuen Lebens, der Gemeinschaft. Durch sein Blut hat er die Gemeinschaft gestiftet.

»Ich bete aber nicht allein für sie, sondern auch für die, die durch ihr Wort an mich glauben werden« (Johannes 17, 20ff.). Da ist Jesus, er betet für die Gemeinschaft der Gläubigen. Das ist der Kern der Einheit in der Partnerschaft. Und diese Einheit in der Partnerschaft heißt nicht Gleichheit in allem Handeln und Denken, sondern Einheit bekommt ihren Sinn und ihre Lebendigkeit, wenn die Vielfältigkeit angenommen wird. Einheit heißt nicht, den gleichen Tanz zur gleichen Musik zu tanzen, sondern Einheit ist vielfältig.

Lukas 23, 47–49 sagt: »Da aber der Hauptmann sah, was da geschah, pries er Gott und sprach: Fürwahr, dieser ist ein gerechter Mensch gewesen.« Kann dieses Beispiel des Hauptmanns eine Möglichkeit sein, Partnerschaft zu verstehen und darüber zu sprechen? Berichtet wird nur sein Bekenntnis, mehr nicht. Nach seinem Bekenntnis denke ich, daß er Christ geworden ist. Vorher lebte der Hauptmann sein ungestörtes Leben als Soldat, ohne Gemeinschaft. Er hatte Gemeinschaft mit seinem Dienst und seiner Waffe. Er lebte ohne Gemeinschaft mit Gott und den Menschen. Vielleicht war er auch ein Suchender, aber er fand keinen Gesprächspartner, der ihm die Augen öffnete zu einer realen Partnerschaft. Durch einen Befehl kam er ans Kreuz Jesu, um seinen Dienst als Hauptmann und Soldat zu tun. Er stand mit seinen Mitarbeitern und anderen Zuschauern zusammen am Kreuz; trotzdem fand er keine Gemeinschaft. Er hatte keine Gemeinschaft mit Jesus, darum ist er ohne Gemeinschaft mit anderen, die an Jesus hängen und glauben. Er nimmt auch keinen Anteil am Leiden Jesu. Auch das Weinen und Trauern der anderen rührt ihn nicht, er findet ihr Weinen unsinnig.

Als dieser Offizier stolz dastand und seine Befehle austeilte, hörte er auf einmal die Stimme, die leidende Stimme Jesu, sie war für jedermann deutlich zu hören: »Vater, ich befehle meinen Geist in deine Hände!« Und als er das gesagt hatte, verschied er. Diese Worte hatten Auswirkung und Macht, den Hauptmann nahe zu Gott zu bringen. Sie waren eine Lektion für ihn, daß er sein Herz, sein Leben und seinen Sinn für Gott und andere öffnete.

Jetzt sieht der Hauptmann die Welt und die Menschen mit anderen Augen an. Er hat sein Bekenntnis laut ausgesprochen; es wird in der Bibel nicht alles gesagt, was danach geschah. »Wahrlich, er war ein Gerechter!« Er lobte Gott so laut, daß auch seine Kameraden es hören konnten. Er hatte keine Angst mehr, seine Augen hatten den Heiland gesehen. Ich glaube, daß der Hauptmann die Gemeinschaft gefunden hatte.

Ein anderes Beispiel: Als Jesus starb, war seine Mutter anwesend, und sein Jünger Johannes war auch dabei. Diese zwei Menschen kannten sich sehr gut. Johannes kannte Maria, weil sie die Mutter seines Herrn war, und Maria kannte Johannes als Freund und einen, der der Gefolgschaft ihres Sohnes angehörte. Das Evangelium berichtet nicht viel von den Beziehungen der einzelnen zueinander.

War es ein Zufall, daß Maria und Johannes gekommen waren, um Jesus zu sehen, wenn er starb? Wahrscheinlich kam jeder aus einem anderen Grund. Maria kam wie jede Mutter, um bei ihrem Sohn zu sein. Und Johannes wollte in dieser Not in der Nähe seines Herrn sein.

Wir wissen, daß Jesus nicht oft bei seiner Familie war, deshalb hatte auch seine Mutter Maria oft Auseinandersetzungen mit ihm gehabt. Maria hat an Jesus und Gott geglaubt. War sie manchmal eifersüchtig auf die Gemeinschaft, die Jesus mit

seinen Jüngern hatte (Matthäus 12, 46–50)? Aus dem Text hören wir: »Denn wer den Willen tut meines Vaters im Himmel, der ist mein Bruder und meine Schwester und meine Mutter.« Können wir uns vorstellen, wie Maria reagierte?
Maria und Johannes sind gekommen, sie fanden sich unter dem Kreuz, um Jesus die letzte Ehre zu erweisen. Ihre Augen richteten sich auf Jesus, der jetzt starb. Aber Jesus hatte ein letztes Wort als Abschied und Vermächtnis für seine Mutter und für Johannes. »Es stand aber bei dem Kreuze Jesu seine Mutter und seiner Mutter Schwester, Maria, des Klopas Frau, und Maria Magdalena. Da nun Jesus seine Mutter sah und den Jünger dabeistehen, den er liebhatte, spricht er zu seiner Mutter: Frau, siehe, das ist dein Sohn. Danach spricht er zu dem Jünger: Siehe, das ist deine Mutter. Und von der Stunde an nahm sie der Jünger zu sich.« Hatte Johannes keine leibliche Mutter mehr, benötigte er eine Stiefmutter? Partnerschaft beginnt unter dem Kreuz. Die unter dem Kreuz Christi versammelt sind, bekommen neue Mütter, Väter, Freunde, Brüder und Schwestern durch den Glauben. Gemeinschaft unter dem Kreuz Christi kennt keine Partner im Sinne des Wortes in der Geschäftswelt. Für uns als Afrikaner wäre Partnerschaft, zu sein wie Bruder und Schwester. »Ich bin, weil wir sind; deshalb sind wir.« Partnerschaft soll wie das Verhältnis zwischen einem Bruder und einer Schwester verstanden werden. Zwei Menschen sind sie, sie sind verschieden. Ich habe aber nie im Leben gehört oder gesehen, daß ein Bruder und eine Schwester vor das Gericht getreten sind und verlangt haben, daß man sie scheiden soll. Ich kann meine Schwester hassen, aber ich kann sie nicht verleugnen, sie bleibt meine Schwester. Partnerschaft soll wie eine Familie sein; wir sind Brüder und Schwestern unter dem Kreuz.

Partnerschaft braucht Zeit

Partnerschaft zwischen Christen in Deutschland und Südafrika ist dringlich. Wenn Partnerschaft Notwendigkeit ist, dann sollen die Kirchen dort und hier zusammen ein Modell erarbeiten. Es sollte nicht nur von einer Seite diskutiert werden, sondern gemeinsam. Gemeinsam finden wir den Weg. Ich habe sowohl in meiner Heimat einiges beobachtet als auch in Deutschland. Manches ist verkehrt. Zum Beispiel knüpft ein Dekan Partnerschaft mit einem Kirchenkreis in Deutschland. Oder zwei Dekane hier und dort »beschließen« Partnerschaft, ohne ihre Gemeindeglieder einzuschalten. Einige Dekane in der Dritten Welt mißbrauchen wegen der Armut sogar Gelder, die von Christen in Deutschland für bestimmte Zwecke gesammelt wurden.

Eine Kernfrage ist, ob Partnerschaft kurz- oder langfristig sein soll. Für Langfristigkeit spricht, daß wir nicht Partner im Sinne der Geschäftswelt sind, sondern Brüder und Schwestern im Vertrauen auf Jesus Christus, der für uns Christen in Deutschland und in Südafrika gestorben ist. Wir sind alle verbunden am Tische des Herrn. Deshalb kommt eine kurzfristige Partnerschaft nicht in Frage.

Gegen die Langfristigkeit aber spricht, daß eine langfristige Partnerschaft, etwa mit einem Kirchenkreis in Afrika, schwer zu lösen ist. Wenn die Beziehung nicht mehr gut und herzlich ist, dann kommen oft die Enttäuschungen. Eine solche Beziehung dann von Deutschland her zu lösen, wäre eine große Enttäuschung für die schwarze Gemeinde. Für eine Partnerschaft auf Zeit spricht, daß dies beiden Seiten Flexibilität gibt, etwa wenn man sich zum Beispiel sagte: »Erst einmal für fünf Jahre; da hat man Zeit, sich kennenzulernen. In dieser Zeit kann man von der Situation der anderen viel erfahren; man kann mit Offenheit und Humor miteinander umgehen, denn es sind keine Verpflichtungen auf lange Zeit eingegangen worden. Und man kann sich ohne Schmerzen trennen.«

Gegen solch eine befristete Partnerschaft spricht, daß die Partner auf diese Entfernung in der kurzen Zeit nicht viel voneinander lernen können. Man muß auch die Mentalität und das Temperament der Menschen beachten; zum Beispiel ist es für einen einfachen Afrikaner ziemlich schwer, die Lebensweise der Europäer zu verstehen. Die europäische Lebensweise ist für manche mit dem Christentum verknüpft. Darum brauchen sie Zeit, dies alles richtig kennenzulernen. Partnerschaft braucht Zeit, viel mehr Zeit.

5. Die Ahnen fliegen mit

Wo ist meine Seele, bin ich von meiner Verbindung mit den Ahnen ganz gelöst? Sind die Ahnen mit mir nach Deutschland gegangen?

Am 21. Januar 1982 war ich zum erstenmal bei Propst Dr. Christian Zippert. Mein Wunsch war, ihn über meine Tätigkeit zu informieren. Doch dort geschah etwas Besonderes. Da fing jemand an, sich für mein Leben zu interessieren. Eine Mauer war durchbrochen; wir sagten nicht mehr Sie, sondern du. Wir sind näher zueinander gerückt. Ich erzählte ihm über alles, über meine Erfahrung als Kind, und auch über meine Sorgen. Es war zum erstenmal so, daß ich mit jemandem intensiv über Ahnen gesprochen und nachgedacht habe.

Ich dachte hinterher über die innige Freundschaft mit Christian nach. Er war nicht mehr Propst, nicht mehr ein Weißer, sondern ein Freund und Bruder. In ihm habe ich einen Gesprächspartner gefunden. Von der Arbeit war nicht mehr viel die Rede. Die Offenheit, die ich bei ihm erfahren habe, war mir bis dahin nicht begegnet. Bei ihm fühlte ich mich zu Hause wie in Afrika. Meine Seele war bei ihm, wie wir später erfahren haben.

Wer bin ich?

An jenem Tag konnte ich nicht richtig schlafen. Drei Gedanken haben mich bei mir zu Hause nicht losgelassen. Wer oder was bin ich? Woher komme ich? Und wohin gehe ich?

Am Abend nahm ich ein Glas Wasser und stellte es vor mich hin. Es war meine alte Gewohnheit, wenn ich versuchte, mit meinem Vater ernst nachzudenken und zu meditieren, um den Sinn des Lebens zu erfahren und dem Sinn durch Visionen näherzukommen. Wasser ist das Symbol der Klarheit, des wahren Lebens, der Visionen und der Träume für die Zukunft. Ich sah die Hütte, sah, wo ich immer herumgelaufen bin, als ich noch zu Hause war. Mein Körper war in Deutschland, doch meine Seele schwebte irgendwo zwischen Deutschland und Ga-Rapitsi.

Ich änderte meine Sitzhaltung, machte den Oberkörper frei, streckte meine Füße aus, ohne Schuhe, meine Hände lagen ruhig auf den Knien. Das Glas Wasser hatte ich zwischen den Beinen. Ich wollte mich wieder entdecken, mein Leben, den Sinn des Hierseins. Ich wollte, daß die Einheit des Ichs und Harmonie einkehrten. Ich wollte die innere Ruhe herstellen und festigen. Bis dahin hatte ich wie ein Chamäleon, wie ein Schauspieler gelebt. Nach dem Gespräch mit Christian Zippert dachte ich an Träume und nahm meine Träume sehr ernst, um das Zentrum meines Daseins herauszufordern und mich selbst zu erklären.

Ich wollte mein Ich und meine Existenz, ohne über andere Dinge und Menschen zu urteilen, durchleuchten. Ja, ich versuchte, meine Vergangenheit ins Auge zu fassen und in meine Erinnerung zu rufen. Ich dachte an meinen Vater, den ich seit langer Zeit nicht gesehen hatte, an seine Reden, seine Haltung. Ich dachte an meine Mutter, an ihre Liebe, wie sie mich umsorgte. Ich dachte auch über die Verstorbenen, die Vorfahren meiner Eltern, nach, ob ich mich noch an sie erinnern konnte. Was für eine Bedeutung hatten sie in meinem Leben, was kann ich von ihnen lernen?

Sie sind zwar tot; ist das das Ende für sie? Bei diesen Gedanken fing ich an, innerlich und äußerlich Tränen zu vergießen.
Ich konfrontierte mich selbst mit meiner Seele: Bin ich, was ich bin? Ich vermied die Fragen Wieso lebe ich, weshalb ist das Leben lebenswert? Wo komme ich eigentlich her? Denken wir an den Psalm 139, so wissen wir, daß wir von Gott herkommen. Aber hier war die Frage: Was ist meine Herkunft, mein Ursprung? Ich habe eine Herkunft.
All dies beschäftigte mich sehr. Die Fragen, die immer wieder auftauchten, waren: Wie fühle ich mich jetzt; was denke ich über mich? Bin ich wichtig für meine Kinder und meine Frau, in dieser Minute, für diesen Tag? Was beeinflußt mein Leben jetzt? Ist meine Vergangenheit gestorben? Bin ich ich selbst, oder lebt noch jemand in mir? Vor lauter Fragen sah ich mein Leben als Rätsel, als bloße Maske, wie ein Chamäleon, das jede Minute seine Farbe wechselt. Ich glaube, daß viele Menschen in dieser Weise leben. Sie tragen ständig Masken, ohne ihr Selbst oder Ich zu zeigen. Manche wollen nur das Leben genießen; sie wissen aber nicht, wer sie sind. Ihr Leben ist verloren, weil sie sich selbst nicht verstehen. Darum überfällt sie die Angst, sie sind hoffnungslos; sie laufen von einem Vergnügen zum anderen. Am Ende sind sie geknickt und tot.

Die Kette der Generationen

Drei Stationen gibt es im Leben eines jeden: Vergangenheit, Gegenwart und Zukunft. Die Zukunft ist hier nicht so gemeint, wie wir normalerweise darüber denken, wie es

in Europa der Fall ist. Wenn man dort über die Zukunft nachdenkt und redet, fragt man zum Beispiel: Was wird im Jahre 2000 sein? Oder was wird mit der Wirtschaft werden? Wie stabil wird die D-Mark 1999 sein?
Für die meisten Afrikaner heißt Zukunft Nachkommenschaft. Ich erkenne die Zukunft an meinen Nachkommen und den Menschen um mich. Diese Menschen sind Zeichen der Zukunft, denn sie leben weiter. Ohne sie hat mein Leben keine Zukunft. Deshalb hatten die Afrikaner immer viele Kinder, weil ihre Kinder feste Investitionen sind; sie denken nicht an Investitionen in DM und Dollar. Ich bin, weil andere Menschen da sind. Ich sehe die Zukunft nur in der Gemeinschaft mit Menschen. Die Nachkommen und die Familie um mich ermöglichen es, das Ich, das Selbst zu genießen. Deshalb ist diese Minute genießbar, jetzt in der Gegenwart: wegen meiner Familie und meiner Vorfahren.
Noch etwas über Träume: Viele Menschen hassen Träume; sie wollen nicht wissen, was sie gestern geträumt haben. Es gibt viele Bücher über Träume, aber sie haben die Wahrheit über Träume oft nicht erkannt. Träume zeigen, was ich bin, sie sind ein Teil meines Ichs. Träume sind unsterblich, sind Visionen und Prophezeiungen. Es sind Träume, die das Leben bestimmen. Der Mensch ist kompliziert; tief in seinem Selbst liegt ein Gefäß, das man nicht erkennen kann, auch nicht mit einem Teleskop. Wenn man nachts unterwegs ist und kein Licht hat, weiß man dennoch genau, wohin man treten kann. Schau einmal unsere Blinden an; wie kommen sie mit ihrer Blindheit zurecht? Der Mensch ist ein Wunder der Natur, in seinem Körper trägt er eine Prophetie seines Lebens.

Ist das nur dein Verstand, der dir sagt, hier ist Gefahr? Wer sagt dir, daß das Essen giftig ist? Träume sind nicht da, weil ich ein hübsches Mädchen gesehen habe und nun mein Gehirncomputer mir das Bild davon wiedergibt im Schlaf, sondern Träume dienen dem Leben der Menschen; sie wollen warnen oder etwas vermitteln. Träume sind Visionen im kleineren Kreis. Der Mensch ist auf der Suche nach seinem »Ich«, aber er sucht anderswo als bei sich selbst. Man denkt, wenn man gut gekleidet ist, ist man man »selbst«. Das ist verkehrt. In meinen Träumen sehe ich mich selbst. Wenn ich mich gründlich kenne und über mich nachdenke, dann werde ich meine Träume wahrnehmen und analysieren.

All diese obengenannten Gedanken wurden lebendig nach dem Gespräch. Ich fing an, von meinem Vater zu träumen. Ich wußte nicht, ob meine Begegnung mit Christian Zippert ein Zufall war oder etwas, was mir auch in der Zukunft helfen würde.

Wir haben von dem Tag an, als ich bei ihm gewesen bin, oft miteinander geredet oder telefoniert. Diese Begegnung habe ich später mit meiner Taufe verglichen. Bei meiner Taufe ging alles sehr schnell, bei meiner Freundschaft mit Christian auch. Am Anfang fühlte ich mich wie ein Wurm vor ihm, er ist promovierter Akademiker. Aber als ich bei ihm war, war alles ganz anders, als ich dachte.

Diese Freundschaft war für mich von Gott, denn ohne ihn hätte ich die Probleme, die auf mich zukamen, nicht bewältigt. Ich habe zu meinen Problemen von vielen Brüdern, auch »Geistlichen«, immer wieder nur vorgefertigte Antworten bekommen. Er dagegen wollte verstehen und zugleich auch lernen. Er war nicht ein Allwissender, sondern ein Lernender.

Sie werden merken, warum ich diese Freundschaft schätze. Kaum einen Monat, nachdem ich Christian alles offen über mein Leben erzählte, nämlich am 29. Januar 1982, bekam ich ein Telegramm von einem Freund, Thomas Mashao, der mir mitteilte, daß mein Vater krank sei und mich dringend sehen möchte. Ich bekam eine Gänsehaut bei dem Gedanken daran, was mir damals an Folterung bei einem ähnlichen Ruf nach Hause geschah (siehe »Deine Hand lag schwer auf mir«). Ich rief Christian an und fragte, wie ich mich verhalten solle: fliegen oder bleiben? Ich rief auch Thomas Mashao an, um genau zu erfahren, wo mein Vater sich aufhielt. Er war im Krankenhaus Hillbrow, Johannesburg. Nach langem Hin und Her schlug Christian mir vor, nach Hause zu fliegen, und bat meinen Kollegen Heinrich Schwarz, mitzufliegen.

Sie wissen, wie schwer damals ein Visum für Südafrika zu kriegen war. Ein Wunder war es deshalb, daß Heinrich auf Grund eines Telefongesprächs sein Visum ohne Schwierigkeit bekam. Am Montag, den 1. Februar 1982, fuhren wir nach Frankfurt, um das Visum abzuholen. Am 2. Februar flogen wir von Luxemburg über Athen und Simbabwe nach Johannesburg. Wir trafen am Flughafen Frau Makhambeni an, die uns nach Atteridgeville, Pretoria, fuhr. Am späten Nachmittag führte uns Dr. T. Mogoba durch Atteridgeville. Mein Herz schlug schwer. Meine Gedanken waren bei meinem Vater. Was mich bewegte, war: Wie begegnet mir mein Vater, wie schwer ist er krank? Alte Fragen tauchten auf: Warum bin ich Christ? Wäre ich nicht besser in meiner alten Tradition geblieben? Was soll ich ihm sagen, wenn er wünscht, ich solle sein Nachfolger werden?

Die ganze Nacht konnte ich nicht schlafen, ich wurde nervös und unruhig und machte mir viele Vorwürfe. Am 4. Februar mietete Dr. Makhambeni, mein Freund, ein Auto für uns. Wir fuhren gleich nach Johannesburg zum Krankenhaus in Hillbrow. Heinrich blieb draußen und beschäftigte sich mit Fotografieren. Ich ging hinein; tatsächlich, mein Vater war sehr krank. Fünf Minuten lang redeten wir nicht miteinander, meine Augen waren wie ein See.

Er eröffnete das Gespräch: »Bist du gekommen?« – Er fuhr nach einer Pause fort: »Ich bin krank, wir haben keinen Priester mehr; du sollst wieder zurück.« Er schwieg. Er sprach weiter über etliches, was ich hier nicht wiedergeben will.

In mir befanden sich zwei Welten, die Welt der Christenheit und die der Ahnen, und ich wußte nicht, was das bessere ist. Ich dachte an das Gespräch mit Christian am 21. Januar. War mein Gespräch mit Christian eine Vorbereitung für heute?

Das Gespräch mit Vater war schwierig und ist tief in den Sinn des Lebens eingedrungen. Er fragte nach den Kindern, er hat sie geliebt; er fragte nach Josephine und warum sie nicht auch gekommen sei. Ich zeigte ihm die Bilder, die ich mitgebracht hatte. Nach einem Gespräch über dies und das versicherte ich ihm, morgen wiederzukommen. Ich verabschiedete mich von ihm.

Heinrich war noch draußen; er hatte eine Auseinandersetzung mit Sicherheitsbeamten, weil man wichtige Gebäude nicht fotografieren darf. Ich unterhielt mich mit den Leuten, und wir fuhren zurück nach Pretoria. Ich war müde und mußte andererseits Heinrich einiges über die Landschaft sagen. Ich tat es geduldig, aber innerlich wollte ich gern allein sein. In Atteridgeville hatte Frau Gertrude Mogoba Geburtstag – wir gingen hin, doch meine Seele war in Johannesburg geblieben, bei meinem Vater.

Am 5. Februar fuhren wir wieder nach Johannesburg; wir trafen meinen Bruder Peter vor dem Krankenhaus. Zu dritt gingen wir ins Krankenhaus. Ich hatte einiges gekauft, wir redeten mit meinem Vater. Ich fragte, was ich für ihn tun sollte; er meinte, er bräuchte etwas Geld. Ich gab es ihm, und wir kauften noch etwas Obst für ihn. Dann verabschiedeten wir uns.

Weil man als Schwarzer nicht in allen Lokalen oder Cafés mit Weißen essen kann, waren wir immer auf der Suche nach einem internationalen Hotel oder Restaurant. Nach langem Suchen fanden wir eins. Nach dem Essen sind wir bei Peter, meinem Bruder, vorbeigefahren.

Am 6. Februar um halb zehn fuhren wir mit Dekan E. Mutshekwane nach Pretoria und dann weiter nach Tembisa, Kempton Park, um die neue Kirche zu besichtigen, weil Spenden für diese Kirche aus Frankenberg gekommen waren. Um halb drei bin ich mit Dr. Peter Makhambeni nach Duiwelskloof zu meiner Mutter gefahren. Das ist vierhundert Kilometer von Pretoria entfernt. Fünf Kilometer von meiner Mutter entfernt suchten wir eine Schlafmöglichkeit im Gakgapane Hotel.

Am 7. Februar morgens waren wir bei meiner Mutter; wir trafen auch meinen Onkel Siegfried Phaleni. Ich berichtete über meinen Vater, obwohl ich die Gründe seiner Krankheit noch nicht erfahren hatte. Wir blieben bis Mittag, danach fuhren wir zu meinen Schwiegereltern in Solomondale und auf unserer Rückreise nach Atteridgeville, Pretoria, zu einem Freund in Seshego.

Am 8. Februar hatte Dr. Peter Makhambeni Geburtstag. Erst fuhren wir mit Pastor Ntjana nach Johannesburg. Ich hatte einen Termin mit dem Arzt: Dr. McCarthy teilte mir mit, daß Vater Krebs hat – Speiseröhren-Krebs. Nun wußte ich, es würde mit meinem Vater zu Ende gehen. Ich hatte jetzt das Schuldgefühl, daß ich nicht genug für ihn getan, ihn nicht genug geliebt und mich nicht genug um ihn gekümmert hatte. Nachdem ich mit ihm gesprochen hatte, fuhren wir zu seiner Arbeitsstelle, um seine Sachen zusammenzupacken, auch seine Medizinmannknochen. Zum erstenmal habe ich sie mit meinen Händen angefaßt. Im Herzen meinte ich, an diesem Tag mit meinen Ahnen verbunden zu sein, denn sie waren so nahe bei mir. Das Auto wurde vollgepackt, dann sind wir nach Rustenburg gefahren zu Bischof Rapoo und Familie Motswasele.

Am 9. Februar fuhren wir wieder nach Johannesburg, zu meinem Vater und zu meinem Bruder, um einiges zu holen, und weiter nach Pretoria.

Am 10. Februar brachten wir alles, was meinem Vater gehörte, nach Duiwelskloof, und am 11. Februar kehrten wir wieder nach Atteridgeville zurück. Am 12. Februar fuhr ich mit Frau Makhambeni nach Johannesburg zu Vater; diesmal redeten wir nicht viel mit ihm.

Am 13. Februar ging es wieder mit Thomas Mashao zum Krankenhaus; ich versuchte, so bewußt ich konnte, bei meinem Vater zu sein. Ich fühlte mich schuldig. Ich wollte ihm etwas Gutes tun, und ich spürte nicht, ob er zufrieden war. Trotzdem beschloß ich, solange ich noch in Südafrika war, ihn jeden Tag zu sehen.

Am 14. Februar waren wir kurz in Atteridgeville in der Gemeinde, danach hielt Heinrich eine Predigt in Mamelodi West. Nach dem Gottesdienst fuhr ich mit Dr. Peter Makhambeni nach Johannesburg zum Krankenhaus. Es hatte sich nichts am Zustand meines Vaters geändert.
Am 15. Februar ging es wieder nach Johannesburg. Ich hatte ein Gespräch mit Assistenzarzt Gregory McCarthy über die Zukunft. Ich unterschrieb, daß sie meinen Vater operieren sollten. Ich zweifelte: Wenn es schief geht – wer trägt die Verantwortung, die Ärzte oder ich? Trotzdem unterschrieb ich mit der Zustimmung meines Vaters. Ich verabschiedete mich von ihm mit einem Gebet.
Es war ein richtiger Abschied. Obwohl ich die Hoffnung hatte, daß er noch für einige Zeit leben würde, sah ich doch sein Gesicht, hörte ich seine Stimme zum letzten Mal bewußt. Ich hatte gehofft, er würde im kommenden Jahr seine Schwiegertochter und die Enkelkinder sehen – doch das war Wind, einfach Wind. Ich wollte noch mehr tun für ihn, um ihm meine Liebe zu zeigen, aber die Zeit, nach Deutschland zurückzukehren, war gekommen, und die Zeit seines Aufenthalts in dieser Welt war schon fast zu Ende. Der Abschied von ihm war schwer, und er hat seine Auswirkung auf mich bis zum heutigen Tag. Als ich aus seinem Zimmer hinausging, war es, als wenn ein schwerer Stein auf meine Schulter geladen würde. Meine Augen konnten nicht glauben, daß ich ihn auf der Sterbestation ließ. Aber was konnte ich tun?
Die Fahrt nach Atteridgeville fiel mir schwer, meine Gedanken waren bei ihm, der mich in diese Welt getragen hatte, denn ich bin, was ich bin, weil er mein Vater war. Innerlich weinte ich. Eine große Verwirrung bemächtigte sich meiner. Mein Blitzbesuch in Südafrika hatte mehr Kummer als Freude bereitet.

Am 16. Februar veranstaltete die Familie Makhambeni eine Grilleinladung für uns, es waren nur Ärzte wie Ramphenyane und Familie da. Wir aßen und tranken; es schmeckte mir nicht.
Am 17. Februar flogen wir zurück. Im Flugzeug war ich stumm; ich konnte nicht mit Heinrich sprechen; es tat alles weh, was in meinem Leben geschah. Jeden Tag hatte ich für meinen Vater gelebt, meine Aufgaben waren Routineübungen geworden. Ich ging einmal in der Woche zum Gebet nach Wolfshausen. Auch die Gespräche mit Christian wurden intensiver.
Ich beschloß, meinen Geburtstag am 5. Juni nicht zu feiern; ich wollte keine Geschenke haben, auch nicht von meiner Familie. Das Leben fing an, eine Qual zu sein. Wie konnte ich alles, was mich belastete, loswerden? Ein Gedanke kam mir: Ich werde meinen Tauftag am 23. November feiern. Ich werde dann 18 Jahre alt als Christ. Ich fing an, Freunde einzuladen; alles schien zu klappen.
Vom 21. bis zum 31. Oktober hatte ich Dienst in Eschwege im Amt für Mission und Evangelisation. Ich war schon am Donnerstag dort eingetroffen und hatte bereits aus meinem Leben erzählt. Montag war ich nicht im Hotel, und abends kam ich sehr spät zurück vom Gemeindeabend. Niemand sagte mir, daß meine Frau angerufen hatte. Am 26. Oktober, noch ehe ich aufstand, kam eine Frau und sagte, ich sollte meine Frau dringend anrufen, was ich auch gleich tat. Josephine sagte, sie habe einen Anruf von der Krankenschwester Rusebotsa aus Duiwelskloof bekommen, daß mein Vater nicht mehr lebe, und ich sollte wenn möglich nach Hause fliegen. Mühselig packte ich meine Sachen und fuhr weinend nach Niederweimar. Zu Hause fing das Telefonieren an, um einen Flug zu buchen.

Zugleich bekam ich ein Telegramm von meinem Bruder Peter, das lautete: »Come very soon, father late – Peter Khosa«.
Mittwoch begann die Reise: von Frankfurt nach Amsterdam, dann nach Heathrow in London, von London über Nairobi bis Johannesburg. Am Flughafen von Johannesburg traf ich Dr. McCarthy, den Arzt, der meinen Vater operiert hatte. Er fuhr mich nach Pretoria, wo ich auf Frau Makhambeni traf. Sie brachte mir ein Auto, das sie gemietet hatte, einen Toyota Corolla; sie gab mir Lebensmittel und fünfhundert Rand. Um halb drei bin ich losgefahren in Richtung Duiwelskloof. Ich fuhr bei meinen Schwiegereltern in Solomondale vorbei. Als es dunkel wurde, bin ich weitergefahren. Fünf Kilometer vor dem Haus meiner Mutter hatte ich einen Unfall: Zwei Autos stießen mit meinem zusammen. Das Auto war Schrott – jetzt auch noch das! Die ganze Nacht wartete ich im Polizei-Präsidium. Alles ging langsam und unhöflich vor sich. Um fünf Uhr früh wurde ich von der Polizei nach Hause gefahren. Das Wetter war miserabel, ich war müde und fertig. Ich hatte kein Auto; zu Fuß ging ich bis zur Bushaltestelle, fuhr dann ungefähr zwanzig Kilometer mit dem Taxi nach Tzaneen, wo mein Vater in der Leichenhalle lag. Ich wollte ihn sehen, aber es war nicht möglich. Ich kaufte den Sarg und alles, was üblich ist bei einer Beerdigung in Afrika. Ich fuhr nach Hause und erfuhr dort, daß mein Vater, als er sehr krank war, darum gebeten hatte, daß sie den Pfarrer holten, und daß er vor seinem Sterben das Abendmahl bekommen hatte.
Am Freitag, den 22. Oktober, sagte er meinem Onkel Siegfried und meiner Mutter, daß ich ihn beerdigen sollte, wenn er stürbe. Die Bestattung fand am Reformationstag,

am 31. Oktober, in Medingen statt; Pastor Mokoele hielt die Predigt; er las aus Lukas 15 die Geschichte von dem verlorenen Sohn, der zurückgekehrt ist. So war es zu Ende gegangen mit meinem Vater, die Versöhnung war im Sterben verwirklicht worden. Das ermutigte mich besonders, meinen Tauftag zu feiern.

Zurück zur Taufe

Es war am 27. November 1983 in Niederweimar im Gemeindezentrum. Hunderte waren von weitem, bis von Hermannsburg in Niedersachsen gekommen. Ich selber habe auch gesprochen; was ich von dem Tag meiner Taufe berichtet habe, steht in dem Buch »Deine Hand lag schwer auf mir«. Christian Zippert, der jetzt mein Bruder geworden war, hatte die Leitung des Festes übernommen. Pfarrer Martin Schweizer hielt die Predigt über Apostelgeschichte 1, 8. Ich zitiere seine Predigt:

»Liebe Schwestern und Brüder, lieber Andreas! Du hast uns eingeladen, mit dir deinen 18. Tauftag zu feiern. Den Tauftag zu feiern, ist außergewöhnlich, jedenfalls innerhalb der evangelischen Christenheit. Aber es hängt ja mit dem besonderen Weg zusammen, den du geführt worden bist in deinem Leben. Nur wenige haben auf so außergewöhnliche Weise wie du – sehr persönlich und sehr drastisch – ihre Berufung zum Christsein erfahren. Du möchtest Rückschau halten. Aber wenn wir Rückschau halten, suchen wir auch Wegweisung für heute und für morgen.

Daß Gott so außergewöhnlich an einem unter uns gehandelt, ihn in seinen Dienst gerufen hat, in dem er jetzt steht, das wollen wir heute bedenken und Gott dafür preisen und

danken und daraus ein Übermaß an Vertrauen auf seine Kraft schöpfen. So läßt er das, was er getan hat, zur Verheißung für uns werden. Denn so gut wie ein Weg – ein langer und oft sehr schwerer Weg, der dich ein-, zweimal bis an den Rand des Todes brachte – so gut wie dieser Weg hinter dir liegt, liegt ein anderer noch vor dir. Den Weg kennst du nicht. Aber du kennst den, der auf diesem Weg an deiner Seite ist – übermächtig und wunderbar in der Tiefe der Verzweiflung, der Angst des Todes. Er hat dich mit dem Lebenswort gespeist, mit dem Lebenswasser des Wortes dich getränkt, und du bist jemand geworden, der nicht nur selbst von diesen Gaben des Lebens lebt, sondern der sie anderen weiterreicht, der anderer Hunger und Durst nach der Gerechtigkeit stillt. Du hast das in deiner Heimat in Südafrika getan und tust das jetzt hier in Deutschland, in einem Land, das dir und deiner Familie fremd ist.
In dieser Stunde, in der wir mit dir danken und neue Kraft und Zuversicht schöpfen wollen, soll das Wort aus der Schrift lebendig werden, das ganz am Anfang deines Weges als Christ stand; das dich fesselte und ins Fragen und Staunen brachte, lange bevor du Christ wurdest. Du hast es auf die Einladungskarten zu diesem Dankgottesdienst geschrieben. Es steht in Apostelgeschichte 1, 8:
Aber ihr werdet von Gottes Geist erfüllt werden. Der wird euch fähig machen, überall als meine Zeugen aufzutreten: In Jerusalem und ganz Judäa, in Samaria und bis in den letzten Winkel der Erde.
Du hast erzählt, daß du dieses Wort auf einem Grabstein in der Gegend deiner Geburtsheimat gelesen, immer wieder gelesen hast. Es hat dich nicht mehr losgelassen und dich in Unruhe versetzt. Das Grab ist nämlich kein gewöhnliches. Dort ist ein Evangelist namens Kgashane begraben,

der Ende des vorigen Jahrhunderts dort das Evangelium verkündet und dann als Märtyrer um dieser Predigt von Jesus Christus willen sein Leben verloren hat. Fragend und staunend, so hast du mir erzählt, standest du immer wieder vor diesem Grab: Was für eine Kraft ist das, die auch vor der Hingabe des Lebens nicht halt macht? Wie und wo bekommt man diese Kraft des Heiligen Geistes? Mit diesen Fragen hat dein Weg begonnen, der dich zum Glauben an Christus, zur Taufe und schließlich ins theologische Seminar Marang geführt hat, wo wir beide uns dann begegnet sind.
Die Kraft, von der wir hier lesen, ist die Kraft, Zeuge Jesu Christi zu sein, mit meinem Leben ihm zu gehören, der am Kreuz meine Sünde und Schuld weggetragen und mich mit seiner Auferstehung in ein neues Leben gerufen hat. Was ich im Glauben an ihn gehört und gesehen und erfahren habe, weiterzusagen, zu verkündigen. Im Urtext steht »martyrein«, der Begriff, der bereits andeutet, daß die Verkündigung auch die physische Hingabe des Lebens einschließt oder einschließen kann. Diese Kraft ist eine andere und wird auch anders erfahren als die Kraft, in der in den religiösen Traditionen Afrikas die Lebenskraft ist, die man schützen, deren Schwächung man verhindern, deren Stärkung man suchen muß; die Kraft, die im Zusammenhang mit den Ahnen steht und die im Häuptling oder Medizinmann inkarniert ist. Die Kraft des Heiligen Geistes ist die Kraft, unter der sich das Wort Gottes für uns erschließt; die Kraft, die aus unserem Verstehen Glauben und aus dem Glauben Gehorsam macht. Diese Kraft ist ganz einfach: Christus in dir! Sie bindet uns ein in die Kraft Christi, in die Kraft seines Wortes, so sehr, daß Paulus seine Predigt an die Galater beschreibt als das Bemühen, den Galatern Jesus Christus als den Gekreuzigten vor

Augen zu malen, und so sehr, daß Stephanus als Prediger des Evangeliums in seiner Todesstunde als Märtyrer nur Christus vor Augen sieht. Christus in dir – das ist die Kraft des Heiligen Geistes, das ist es, was der Heilige Geist in einem Menschen bewirkt.«

Lieber Bruder Andreas

Der Gottesdienst erreichte seinen Höhepunkt beim Abendmahl. Danach saßen wir beisammen beim Kaffeetrinken und kleinen Ansprachen. Eine möchte ich hier wiedergeben, und zwar die von Kirchenrat W. Jung. Er las Psalm 133, 1 und 3 und sagte:

»Liebe Schwester Josephine Khosa, lieber Bruder Andreas Khosa, gern rede ich Sie so an und bin dankbar, daß ich es darf. Manchmal staune ich darüber, wenn ich daran denke, aus welch unterschiedlichen Welten wir kommen, vor allem aber, wenn ich mich an Erfahrungen und Erlebnisse erinnere, die ich in Südafrika habe machen müssen, aber auch an solche, die ich habe machen dürfen. Wieso darf ich, dürfen wir Schwester, Bruder zu Ihnen sagen? Dieser Tauftag erinnert daran: Wir sind durch Gottes Güte in seinen Bund hinein getauft, in Gottes Bruderbund. Sie haben es einmal bei einer Begegnung zwischen weißen Missionsmitarbeitern und den ›brüderlichen Mitarbeitern‹ in Deutschland auf die Ihnen eigene Weise ausgedrückt. Das Gespräch war schwierig geworden. Da sagten Sie: ›Ich bin hier zu Hause, weil mein Gott hier zu Hause ist.‹ Damit haben Sie uns damals weitergeholfen.

Er hat Sie uns zur Schwester und zum Bruder gemacht, die hier ›zu Hause‹ sind, die ganz da sind, mit allen Kräften –

und doch sind Sie dabei ganz Afrikaner geblieben. Gerade so aber sind Sie hilfreich für uns; ermutigende Ergänzung, ansteckend fröhliche Anregung, kühne Herausforderung, auch kritische Hinterfragung, aber alles immer in brüderlicher Liebe. Dafür möchten wir Mitarbeiter des Amtes für Mission und Evangelisation Ihnen sehr herzlich danken. Und wir wünschen Ihnen Gottes Segen für Ihre und unsere weitere Zusammenarbeit. Gott hat ihn nur zugesagt, wenn wir so – brüderlich, einträchtig – einander in die Hände arbeiten. – Alles Gute weiterhin!«

In diesem Jahr nach dem Tod meines Vaters, wodurch mein Leben wieder ein Kampffeld geworden war, wünschte ich mir, den Tag aufhalten zu können, daß die Uhr stillstehe. Es war so erfrischend, den Gedenktag meiner Taufe zu erleben mit Mitbrüdern und Schwestern. Ich hatte das Gefühl, viele trugen mein Leben und meine Lasten mit.

Was ich an diesem Gedenktag meiner Taufe erlebt habe, das hat mich durch Leere und Unsicherheit hindurchgetragen bis zu dem Tag, an dem ich nun endgültig aus meiner Tätigkeit in der Bundesrepublik scheiden mußte. »Die Schildkröte vergißt ihren Panzer nicht«, so lautet ein afrikanisches Sprichwort. So ging es mir. Meine Ahnen wollten mich nicht verlassen, aber ich kann auch meinen Glauben nicht verleugnen. Zwei Welten leben in mir, auch wenn ich in einem fremden Land bin. Glaube ist immer ein unendlicher Kampf, ein Kampf, um in Christus zu bleiben. Es gibt kein Rezept, keine magische Lösung. Ich werde so, wie ich bin, leben, mit dem Panzer meiner Verzweiflung. Aber ich werde nie müde werden, einen Weg mit Christus zu suchen, solange mein Herz schlägt. Das Leben ist immer ein Versuch – ein Versuch, etwas Lebenskraft zu finden.

Das habe ich erneut bei meinem Abschied gemerkt. Auch in meiner Familie, mit meinen Kindern suche ich; gemeinsam wollen wir den Weg zu Christus suchen. Allein wird der Weg schwer, er ist mühsam und steil. Trotzdem habe ich Freude am Leben, Freude an meinem Glauben. Ich möchte nicht die Eindrücke, die ich von allem bekommen habe, nicht die Freundschaft verlieren. Ich habe getan, was ich konnte in der zweiten Heimat Deutschland. Meine Seele wird auch dort bleiben. Ich habe vieles gelernt, deshalb möchte ich, daß man versteht: Was ich gesagt habe, ist nicht nur Kritik – es soll vielmehr für manches die Augen öffnen. Die Liebe der Christen in Deutschland wird mich auch tragen ins Land der Unsicherheit – nach Südafrika. Ihre Gebete werden mich aus dem Tal des Todes emporheben. Ihre Teilnahme wird uns begleiten bis nach Pretoria. Und das hat sich auch in den Briefen gezeigt, die ich bekommen habe, die ich auch hier mit meinen Lesern teilen möchte.

Dekan R. Jockel aus Frankenberg schreibt: »Lieber Bruder Khosa! Ganz herzlich möchte ich Ihnen für Ihren Einsatz in unserem Kirchenkreis danken. Wenn wir es richtig sehen, sind Sie ja der ›Vater unserer Partnerschaft‹. Ohne Ihre Begeisterung und theologische Grundlegung wäre damals die Kreissynode sicher nicht zu dem Ergebnis gekommen. Weil Sie als ›Partner zum Anfassen‹ da waren, konnte Partnerschaft über die Entfernung hinweg begründet werden.

Unseren und allen Partnerschaftsbeziehungen und Ihrer Familie sowie Ihnen ganz persönlich für den neuen Dienst wünsche ich die ›Makrothymia‹ von Jakobus 5, 7, den langen Atem der Leidenschaft, der durchhält bis zum Kommen unseres Herrn.«

Prälat P. Hertzberg schreibt: »Sehr geehrter, lieber Bruder Khosa, während meines Urlaubs ist nun das Telegramm von Herrn Bischof Buthelezi eingetroffen. So werden Sie in diesen Tagen Abschied nehmen von der Gemeinde, von der Bundesrepublik und unserem winterlichen Wetter, um dann Mitte Februar den Weg nach Hause anzutreten. Ich schreibe diesen Brief, weil ich leider mich jetzt nicht freimachen kann, zu Ihrem Abschiedsgottesdienst zu kommen (u. a. bin ich bei der Vorbereitung für eine Reise nach Namibia). So will ich doch schriftlich wenigstens ausdrücken, was Sie mir – so hoffe ich – immer abgespürt haben: Wir sind sehr dankbar gewesen dafür, daß Sie Ihren Dienst bei uns wahrgenommen haben. Sie haben nicht nur in Niederweimar einige Menschen ein Stück weitergebracht, Sie haben sicher vielen die Augen geöffnet für Tatsachen, die heute in großer Breite in unseren Medien genannt werden, die aber damals, als Sie kamen, den allerwenigsten wirklich einsichtig waren. Der Preis, den Sie dafür gezahlt haben, ist hoch! Die Rückkehr in das nun noch zerrissenere Südafrika an eine Stelle, von der ich verstehe, daß sie sehr schwierig ist, wird für Sie, die ganze Familie, gar nicht so einfach sein.
Gott schütze Sie und gebe Ihnen alle Kraft und die Demut und die Weisheit, die Sie nun brauchen werden. Gott schütze auch Ihre Kinder und lasse sie nicht Schaden nehmen daran, daß sie mit der Familie diese Wanderschaft zwischen zwei Welten mitgemacht haben. Gott schütze auch Ihre liebe Frau und lasse sie wieder anwachsen und fröhlich werden in dem Land, dem wir in diesen Wochen mit unseren Wünschen und Gebeten, unseren Sorgen und Hoffnungen so nahe sind.
In herzlicher Verbundenheit grüße ich Sie als Ihr Bruder.«

Ich weiß nicht, wie ich den Menschen danken kann, wie ich all denen, die am Flughafen als Zeichen des Friedens geweint haben, danken kann. Alle, die mit mir verbunden sind, habe ich lieb, und allen gebe ich meinen Segen.
Der letzte Brief kommt von einer einfachen Christin, deren Kind ich getauft habe, Frau Naumann aus Gisselberg bei Marburg: »Nun endlich wird es doch wahr, daß ich einen Brief an Sie fertigbekommen habe und auch abschicke. Mit Interesse verfolgen wir Ihre Briefe in ›Deine Kirche‹. Es ist schwer, sich alles vorzustellen, und wir können uns doch kein richtiges Bild machen. Sehr hilfreich war uns Ihr Buch ›Deine Hand lag schwer auf mir‹, Herr Pfarrer Khosa, für dessen Existenz ich herzlich danken möchte. Nicht nur, daß es sehr interessant ist und oft spannend wie ein Roman; es gab uns einen guten Einblick in Ihr Leben und Land, in die Sitten und Gebräuche Ihres Volkes, die heute doch ganz anders sind als die unseren. Ihr Leben war oft sehr abenteuerlich, wie langweilig dagegen das unsere! Wieviel Erfahrungen, Enttäuschungen, Ängste, aber auch große Freuden haben Sie schon durchlebt und sind daran gereift!
Die plötzliche völlige Vakanz war nicht so leicht zu ertragen, Sie fehlten uns ebenso wie Pfarrer Schwarz. Ihr Weggang hinterließ eine große Lücke bei Ihren Freunden, in der Gemeinde, auch bei uns. Sie haben einen so tiefen Glauben, gern hätte ich von Ihnen gelernt, wahrscheinlich habe ich auch manche Dinge angenommen, aber es braucht seine Zeit, um zu wachsen. Mein Glaube ist klein und schwach und wächst nur langsam. Vielleicht hatte ich manchmal Angst, mit Ihnen zu reden, weil ich fürchtete, Sie durchschauen meinen kleinen Glauben. Mit großem

Erstaunen stellte ich beim Lesen Ihres Buches fest, daß auch Sie oft von Zweifeln geplagt wurden, das macht mich etwas mutiger.
Oft hat mich eine Predigt von Ihnen unruhig gemacht, manches Gesagte war mir unangenehm und paßte mir gar nicht, und doch waren es gerade diese Dinge, die mich zum Nachdenken gebracht haben und mir halfen. Erst nachdem Ihr Abschiedstermin näherrückte, fing ich an, langsam zu begreifen, was es bedeutet, daß Sie nicht mehr da sind. Sechs Jahre hatten wir Zeit, mit Ihnen zu reden, uns näherzukommen. Was ist daraus geworden? Viele Dinge bleiben ungesagt, weil ich einfach keinen Mut habe und dazu mich schlecht ausdrücken kann.
Bedanken möchten wir uns nochmals für die Taufe unseres Matthias. Sie bedeutet uns viel, und wir hoffen, das ihm verständlich und klar machen zu können. Es war noch ziemlich am Anfang Ihres Wirkens bei uns. Zu der Zeit – wir waren sehr froh, daß Sie am Nachmittag des Taufsonntags eine Weile bei uns waren – nahmen wir uns vor, Sie bald einmal einzuladen, mit Ihnen zu reden. Aber wir wagten es nicht, Sie einfach ohne Grund einzuladen. Dann hatten Sie bald so viele Freunde, daß wir Ihnen die in Deutschland so kostbare Zeit nicht wegnehmen wollten. Oft auch wollte ich nach einem Gottesdienst mit Ihnen über einen Punkt der Predigt reden oder nur sagen, daß Sie mich bewegt haben oder ich getroffen war oder anderer Meinung. Aber nie hatte ich den Mut aufgebracht. Ich möchte Sie nochmals herzlich um Verzeihung bitten für alles, was wir nicht getan oder gesagt haben. Es tut mir sehr leid.
Bitte verzeihen Sie uns auch, wo wir Sie enttäuscht, gekränkt, verletzt haben, nicht nur ich als Person oder als Familie, sondern auch wir als Volk, als Gemeinde.

Danke für alles, was Sie uns und unserer Gemeinde gegeben haben, danke für Ihre Liebe und Geduld mit uns kleingläubigen und uhrabhängigen Menschen, für das Verständnis, das Sie uns entgegengebracht haben. Sicher war es nicht immer leicht für Sie, da Sie doch ein christliches und glaubendes Deutschland erwartet hatten. Aber wir haben keine Zeit für Gott, für Gespräche, Gedanken. Ich glaube aber, daß auch Ihnen, vielleicht schmerzlich, bewußt wurde, daß man in Deutschland ohne Uhr nicht auskommt? Auch Sie schienen manchmal in Zeitdruck zu sein, oder?«

Gott sendet

Ich schenke allen Gemeinden und allen Freunden eine Predigt, meine letzte Predigt in der Elisabeth-Kirche in Marburg zur Weihnacht 1985 als Dankeschön an alle, als Abschiedsgruß:
Im Namen unseres Jesus Christus, unseres Befreiers. Amen.
»Als aber die Zeit erfüllt war, sandte Gott seinen Sohn, geboren von einem Weibe und unter das Gesetz getan, auf daß er die, so unter dem Gesetz waren, erlöste, damit wir die Kindschaft empfingen. Weil ihr denn Kinder seid, hat Gott gesandt den Geist seines Sohnes in unsere Herzen, der schreit: Abba, lieber Vater! So bist du nicht mehr Knecht, sondern Kind, wenn aber Kind, dann auch Erbe durch Gott (Galater 4, 1–7).
Lieber Vater, ich preise deine Gnade, ich preise deine Befreiungstat. Amen.
Heute ist für mich der letzte Weihnachtstag mit Ihnen, und ich werde in den nächsten Tagen Abschied von Ihnen nehmen. Heute feiern wir in dieser Gemeinde und in der

ganzen Welt die Geburt Jesu von Nazareth und zur gleichen Zeit die Gründung der Mission. Gott sandte seinen Sohn in diese Welt, damit sie erlöst und befreit werde von ihrer Sünde. Deshalb sind wir hier heute zusammen, um diese Tat Gottes zu feiern. Durch die Geburt Jesu gründete Gott die Mission. Durch die Menschwerdung und Sendung des Gottessohnes hat uns Gott sehr viel gegeben. Er gab uns allen seine Gegenwart, Sicherheit des Lebens und sein Leben selbst. Er gibt uns und schenkt uns einen neuen Anfang im Leben, eine Erweckung und die Erquickung unserer Seelen. Er erneuerte unser Leben, er streckte seine barmherzigen Hände aus nach uns durch seinen Besuch in unserem Leben.

Was vor zweitausend Jahren in Bethlehem geschehen ist, die Menschwerdung des Gottessohnes, war keine menschliche Leistung, sondern es kam von Gott selbst. Die Menschwerdung Jesu und seine Mission ist Gottes Sache, damit er uns, seine Geschöpfe, wiederfindet und sie erlöst. Diese Geschichte, die wir gelesen haben, so ohne Engel, klingt unweihnachtlich ohne Hirten und ohne Romantik. Ich hielt diese Geschichte aber trotzdem geeignet für Weihnachten, weil sie das Leben Jesu auf dieser Erde erzählt.

Diese Geschichte spricht von drei wichtigen Punkten: erstens von der Geburt Jesu, zweitens von seinem Sterben, drittens von der Ausgießung des Heiligen Geistes.

Paulus berichtet seiner Gemeinde das, was wir auch in den vier Evangelien finden, freilich auf seine Weise, knapp zusammengefaßt, weil er der Gemeinde noch viel mehr zu sagen hatte, und er fängt mit einem merkwürdigen Satz an: ›Als aber die Zeit erfüllt war, sandte Gott seinen Sohn, geboren von einem Weibe und unter das Gesetz getan.‹ Hier ist nicht die Uhrzeit gemeint, liebe Gemeinde, oder ein bestimmter Tag im Kalender, sondern er meint damit etwas viel Tieferes. Die Fülle der Zeit deutet etwas an über Gott und seine majestätische Macht; sie deutet die Zeit des Wartens, der Verheißung an. Als diese Zeit des Wartens und der Verheißung vorbei war, kam die große Stunde der Erfüllung: Gott sandte seinen Sohn, einen Teil seines Lebens, als Gabe an die Menschen. Der Sohn Gottes, Jesus von Nazareth, war nicht die Blüte menschlicher Religiosität oder sittlich-religiöser Bemühungen, er war nicht das Resultat der Erziehung des Menschengeschlechts, er kam von oben, vom Vater. Er war der, der kommen sollte; der Vater hatte ihn ausgesandt. Seine Menschwerdung durch die Geburt von einer Frau erfüllte die Zeit des Wartens und der Verheißung.

Denn Weihnachten soll für uns nicht nur eine schöne Zeit bedeuten, gutes Essen, Ausruhen von täglichen Problemen oder den Versuch, wenigstens auf Zeit nett in der Familie miteinander zu sein. Nein, nein, Weihnachten bedeutet nicht nur ›friedlich sein‹, sondern es ist unsere Erlösung, und es bedeutet, daß die Zeit, in der wir uns befinden, die Zeit der Erfüllung durch die Geburt und die Menschwerdung Jesu ist. Die Erfüllung der Zeit ist lediglich die Zeit der Begegnung mit Gott. Es ist die Zeit der Umarmung Gottes durch seinen Sohn Jesus Christus. Die Mission Gottes ist heute offenbar und besiegelt durch das Kommen seines Sohnes im Fleisch.

Trotz der Freude an Weihnachten leben wir heute noch ohne Wärme, ohne Sicherheit des Lebens. So wird es morgen sein und auch nächstes Jahr. Wir merken, daß das Leben noch nicht vollkommen ist. Ohne das Kind in der Krippe in Bethlehem ist unser Leben mit Angst erfüllt: Wir haben Angst vor der Zukunft, Angst vor dem Zerbrechen

unserer Lebensgemeinschaft. Ich habe auch Angst, mich wieder in Südafrika zu finden. Deshalb sandte Gott seinen Sohn, um uns von diesen Ängsten zu befreien.
Das ist für mich die Botschaft zu Weihnachten. Ich bin glücklich, weil Jesus mich erlöst, gefunden und befreit hat.
Liebe Gemeinde, wir sollen Weihnachten nicht durch irdische Freude überspielen, denn es hat Gott sehr viel gekostet; es tat Gott weh, seinen eigenen, geliebten Sohn dieser Welt zu übergeben und sich von ihm zu trennen. Aber er tat es aus Liebe und Gnade: weil er uns liebte. Der Vater trennte sich von ihm, gab ihn hin, schonte seinen eigenen Sohn nicht, und der Sohn gehorchte. Er löste sich aus der Herrlichkeit und nahm menschliche Gestalt an. Im Philipperbrief heißt es: ›Jesus entäußerte sich selbst und ward an Gebärden als ein Mensch erfunden, er hat sich in die menschliche Armut begeben.‹
Er kam nicht als Gott auf diese Welt, wie es in den Mythen der Heiden erzählt wird, sondern als Mensch wie Sie und ich, als ein Mensch mit Gefühlen. Er kam zu uns, nicht, um in einem Palast oder einem geschmückten Haus zu wohnen, sondern in der Gestalt des sündigen Fleisches. Im Stall ist er geboren. Er findet keinen Platz, auch heute nicht, obwohl wir alle viel Platz haben und schön gekleidet sind. Aber vielleicht habe ich immer noch keinen Platz für Jesus in meinem Leben.
Wissen Sie, warum Sie heute hier sind? Wir singen, und wir werden uns am Ausgang frohe Weihnachten wünschen. Wir werden – wie schon gestern – vielleicht auch heute ›O du fröhliche‹ singen. Aber es war nur der Mund und meine Stimme, die gesungen haben. Im tiefen Inneren unseres Lebens sind solche Worte und Melodien unbekannt und fremd. Die Freude, die wir haben, ist äußerlich.

Man kann keine wirkliche Freude haben durch schöne Kleidung, gutes Essen und Trinken. Diese Freude ist schnell vergessen und vergänglich. Für viele, die heute ›O du fröhliche‹ singen, wird morgen das Leben schon wieder trostlos und leer sein. Ich frage mich: Warum ist diese Freude nicht für immer? Unsere Freude ist bedeutungslos ohne Jesus im Herzen, in unserem Leben. Ohne die Wiedergeburt in meinem tiefsten Wesen wird meine Freude oberflächlich bleiben. Nur dann ist die Freude wirkliche Freude, wenn ich weiß, warum ich Weihnachten feiere.
Jesus kam zu uns als Mensch. Das tut er auch noch heute, auch in dieser Gemeinde und in der gesamten Kirche. Er kam zu uns als Kind einer irdischen Mutter, und er wurde unter die irdischen Lebensverhältnisse gestellt, geworden als ein Kind im Mutterleib, unter das Gesetz gestellt, das heißt ihm untertan und unterworfen. Geboren von einer Frau, wie es im zweiten Glaubensartikel steht, kommt er in diese Welt nicht als ein besonderer Mensch; er wurde wie jeder, der sonst auf die Welt kommt, ein Untertan des Gesetzes.
Die Mission des Sohnes an uns ist die, daß wir losgekauft sind. Das ist das wesentliche Ereignis für alle Menschen, das mit dem Leben Jesu verbunden ist. Wir können das Leben Jesu, die Menschwerdung, also das Ereignis zu Weihnachten, nur im Zusammenhang mit dem Kreuz richtig verstehen. In meiner Heimat Südafrika, wohin ich in wenigen Wochen gehe, sind Kinder für die Menschen ein Segen. Ohne Kinder gibt es keine Zukunft und Sicherung des Lebens. Kinder sind Zeichen der Hoffnung des vollkommenen Lebens und die Sicherung der Existenz der Eltern. Auch Jesus ist nicht geboren um des Geborenseins willen, sondern seine Geburt hatte ein Ziel. Unsere Freude

soll nicht dahin gehen, daß wir das Kind und seine Schönheit betrachten, sondern uns fragen: Was bedeutet das Kind für mich und für Sie?
Desgleichen sichert die Geburt Jesu unser Leben heute und morgen. Seine Geburt und Menschwerdung bringt uns Hoffnung, Erlösung und Befreiung aus den gottlosen Bedingungen dieser Welt. Er befreit uns von Mächten wie Angst vor Raketen und Angst vor dem Sterben. Wir sind befreit von der Knechtschaft der Grundelemente dieser Erde. Mit seinem Gehorsam und seinem Dienst hat Jesus dem Gesetz genüge getan. Gleichwie der Menschensohn nicht gekommen ist, daß er sich dienen lasse, sondern daß er diene und gebe sein Leben für die Welt, um durch seine Menschwerdung und seinen Tod Tote ewig lebendig zu machen: Er ist der Größte von allen und hat sich erniedrigt durch seine Menschwerdung zum Diener aller. Ihm ist alle Gewalt gegeben im Himmel und auf Erden. Er braucht sie aber nur zum Heilen und zum Helfen.
Er, der wirklich der Größte im Himmelreich ist, hat sich zum Kleinsten gemacht, zum Kind und dienenden Sklaven. Er ist den Verlorenen nachgegangen, um sie zu retten, um sie mit der Nähe Gottes zu beschenken. Das Resultat des Kommens und des Weges Jesu ist, daß wir den Tag erleben, wo wir nicht mehr unmündige Gesetzessäuglinge sind, sondern die Einsetzung in die Sohnschaft miterleben. Paulus sieht hier deutlich, daß die Wege Gottes, die er mit Jesus gegangen ist, nicht nur als eine neue Idee sichtbar geworden sind, sondern sie ermöglichen eine neue Existenzform des Lebens vor Gott für die Menschen. Das Gesetz war ein großer Schutz gegen eine allgemeine Verwilderung, aber das Größere, was Gott den Menschen zu geben bereit ist, gibt er erst in seinem Sohn Jesus Christus.

Zum Schluß, liebe Gemeinde, noch dies: Gott sendet Jesus aus, und Jesus sendet seinen Geist. Die Sendung des Sohnes wird nun die Sendung des Geistes, eine dauernde Gabe.
Ganz in der Nähe Gottes zu leben, das hat es noch nie gegeben. Gott hat immer aus der Distanz mit seinem Volk geredet. Nun redet er durch seinen Sohn und das Wort des Evangeliums und durch den Heiligen Geist. Gott tritt mit dem Heiligen Geist in das Leben jedes einzelnen von uns.
Wo aber der Geist Jesu in unsere Herzen kommt, da beten wir Abba, Vater. Da haben wir nicht nur das erstaunliche Rechte, den ewigen Gott und Schöpfer des Alls Vater zu nennen, da ruft es laut in uns als eine Äußerung des neuen Lebens. Wir alle haben während unserer Geburt geschrien. Dieses Schreien war nichts Schreckliches, sondern ein Zeichen und der Ruf des neuen Lebens. Abba, Vater. Das heißt, der Geist ruft, er schreit, wie ein neugeborenes Kind durch seinen ersten Schrei das Zeichen eigenen Lebens von sich gibt. So ist es auch im neuen Leben des Wiedergeborenen. Der Geist schreit in ihm, er schreit Vater, mein Vater.
Jesus hat auch am Kreuz geschrien: ›Vater, vergib ihnen, denn sie wissen nicht, was sie tun‹, ›Vater, ich befehle meinen Geist in deine Hände‹. Wir waren ohne Vater, jetzt haben wir den Vater durch Jesus Christus.
Liebe Gemeinde, Sie wissen auch, was im südlichen Afrika geschieht. Die Menschen leben ohne Trost und mitten in den Schwierigkeiten, die durch die Apartheid verursacht werden. Nun, wir Christen in Südafrika wissen, daß wir durch Jesus Christus, durch sein Kommen befreit sind – wir sind frei. Und durch die Freude von Weihnachten macht er uns fähig, zusammen den Weg der Versöhnung zu

gehen. Er macht uns fähig, in einer chaotischen Situation in Südafrika am Tisch des Herrn zu feiern. Der Geist Gottes wird es uns im südlichen Afrika ermöglichen, als Weiße und Schwarze eines Tages zusammenzuleben als Brüder und Schwestern. Diese Vision ist wahr geworden in dem Sohn Jesus Christus. Ihn wollen wir loben und preisen; ihm wollen wir ›O du fröhliche‹ singen. Er ist eins mit uns in der Bundesrepublik, er ist eins mit uns in Südafrika. So können wir uns heute richtig freuen und feiern. Wir sind losgekauft, gelobt sei der Herr, der mein Leben gerettet hat.«

AUS DEM SÜDLICHEN AFRIKA

Sipho Sithole: *Zulu-Könige*
Vier Preislieder im Wechselgesang, deutsch von Hans-Jürgen Becken, mit fünf Farbholzschnitten von Lucky Sibiya, Kunstmappe mit 20 Textseiten und 4 Farbdrucken

Theo Sundermeier (Hg.): *Christus, der schwarze Befreier*
Aufsätze zum Schwarzen Bewußtsein und zur Schwarzen Theologie, 3. ergänzte Auflage 1981.
Erlanger Taschenbücher Band 25 — 164 Seiten

Magdalena und Erastus Shawena: *Wir Kinder Namibias*
Eine Lebensgeschichte, deutsch durch Leena Vallisaari und Thomas Rimmler, mit Fotos der Autoren.
Paperback — 168 Seiten

T. S. Farisani: *... in der Hölle, siehe, so bist Du auch da*
Ein Tagebuch aus südafrikanischen Gefängnissen, deutsch von Rudolf Hinz und Sabine Hinz-Wegner.
Erlanger Taschenbücher Band 70 — 120 Seiten

Zephanja Kameeta: *Gott in schwarzen Gettos*
Psalmen und Texte aus Namibia, deutsch durch Renate Sundermeier.
Erlanger Taschenbücher Band 65 — 120 Seiten

W. F. Krüger: *Schwarze Christen – weiße Christen*
Dissertation über Lutheraner in Namibia und ihre Auseinandersetzung um den christlichen Auftrag in der Gesellschaft.
Erlanger Monographien Band 3 — 239 Seiten

KIRCHEN IN AFRIKA

Johannes Launhardt: *Uns erschrecken die Trommeln nicht mehr*
Eine Stadtrandgemeinde in Addis Abeba 1970 bis 1982: Weber aus dem südlichen Hochland gründen ihre Gemeinde, überwinden die Zaubertrommeln, widerstehen den Angriffen aus der Nachbarschaft und den Herausforderungen der Revolution.
Erlanger Taschenbücher Band 61 215 Seiten

Werner Ustorf / Wolfram Weiße (Hg.): *Kirchen in Afrika*
Ein Radiokolleg des Deutschlandfunks führt in die Vielfalt von Kirchen in verschiedenen Teilen Afrikas und ihre Antwort auf die jeweilige politische und soziale Umwelt ein.
Erlanger Taschenbücher Band 50 104 Seiten

James A. Sarpei: *Nima – im Abseits von Accra*
Kojos Briefe aus dem Elendsviertel, in dem er hoffnungsvoll ankommt, dahinsiecht und stirbt – und die Aktion evangelischer Studenten, den Slumbewohnern zur Selbsthilfe zu helfen, bilden die zwei Teile dieses Buches.
Erlanger Taschenbücher Band 41 68 Seiten

Walter Hollenweger: *Christen ohne Schriften*
Unter den fünf Fallstudien von gelebtem Christentum in aller Welt widmet der Schweizer Forscher eine der Kimbanguisten-Kirche in Zaire.
Erlanger Taschenbücher Band 38 144 Seiten

Elisabeth Knoche: *Mais lacht noch auf dem Feuer*
Als Ärztin in Äthiopien notierte die Autorin von 1954 bis 1984 Erfahrungen und Beobachtungen, die sich zu einem Gesamtbild christlichen ärztlichen Dienstes in Wollega im Westen Äthiopiens zusammenfügen.
Erlanger Taschenbücher Band 72 432 Seiten

VERLAG DER EV.-LUTH. MISSION ERLANGEN

CHRISTEN AUS ASIEN

Marianne Katoppo: *mitleiden – mithandeln*

Theologie einer asiatischen Frau: »Einen eigenen asiatischen Ansatz« sieht Annette Nuber in diesem Buch.

Erlanger Taschenbücher Band 56 132 Seiten

Subir Biswas: *Herr, lehre mich teilen*

Dreißig Gebete vom Krankenbett hinterließ der anglikanische Geistliche aus Calcutta, Präsident des Indischen Kirchenrates, als Anstoß und Hilfe für Beten und Handeln.

Erlanger Taschenbücher Band 59 68 Seiten

Hugald Grafe (Hg.): *Evangelische Kirche in Indien*

Auskunft und Einblicke wollen über dreißig indische Autoren in Geschichte und Gegenwartsaufgaben des indischen Christentums vermitteln: ein Handbuch.

Erlanger Taschenbücher Band 51 454 Seiten

Won Yong Kang: *Zwischen Tiger und Schlange*

Der Direktor der Christlichen Akademie in Korea ist bekannt geworden durch profilierte Vorträge und seine Mitarbeit in Gremien des Ökumenischen Rates. Vorwort: Richard von Weizsäcker.

Erlanger Taschenbücher Band 19 176 Seiten

Shusako Endo: *Schweigen*

Der Roman des großen japanischen Erzählers über die Zeit der Christenverfolgung im Japan des 17. Jahrhunderts wurde von Ruth Linhart übersetzt.

Leinenband 248 Seiten

Hans-Jürgen Becken: *Wo der Glaube noch jung ist*

Afrikanische Unabhängige Kirchen im Südlichen Afrika

»Aus den früheren Missionsgebieten in Afrika wurden in den letzten Jahrzehnten einheimische Kirchen, die in der Theologie und Gemeindearbeit weitgehend den europäischen Vorbildern folgen. Von diesen Missionskirchen handelt das Buch nicht, sondern von den daneben gewachsenen ›Afrikanischen Unabhängigen Kirchen‹, deren Zahl in Afrika auf über 4000 mit insgesamt 33 Millionen Mitgliedern geschätzt wird. Das sind über zehn Prozent der Bevölkerung Schwarzafrikas.

Diese Kirchen schreiben keine Lehrbücher; sondern ihre Theologie wird gelebt, gesungen, getanzt, gepredigt, getrommelt und gelitten. Dr. H.-J. Becken ist seit Jahrzehnten mit diesen Kirchen im Gespräch. In diesem Buch schildert er ihr heilendes Handeln im Gottesdienst, erklärt ihre Symbole und Riten und deutet ihr Leben als Gestaltwerden des Leibes Christi in Afrika. Dabei kommen ihre Vertreter ausgiebig selber zu Wort. Becken sieht in diesen Kirchen ... eine angemessene einheimische und missionarische Antwort auf die Frohe Botschaft von Jesu Christi Kommen.

Becken legt uns diese Afrikanischen Unabhängigen Kirchen als wichtige Gesprächspartner in der Ökumene ans Herz. Das Gespräch könnte uns helfen, daß wir auch unsere eigene ›einheimische Theologie‹ hinterfragen und danach suchen, wo wir bei uns so frohe Zeichen der anbrechenden Gottesherrschaft aufrichten wie diese Kirchen mit ihren Fahnen.«

Jürgen Quack

Erlanger Taschenbücher Band 73 — 288 Seiten

VERLAG DER EV.-LUTH. MISSION ERLANGEN